『獅子丸一平　完結篇』（1956 年　萩原遼監督）　　© 東映

『晴姿一番纏』（1956 年　河野寿一監督）

『一心太助　天下の一大事』（1958 年　沢島忠監督）　©東映

『宮本武蔵　二刀流開眼』（1963 年　内田吐夢監督）　©東映

『浪花の恋の物語』（1959 年　内田吐夢監督）　　　　Ⓒ 東映

『独眼竜政宗』（1959 年）のセットで、月形龍之介と

『ゆうれい船』（1957 年）のセットで、松田定次監督、桜町弘子と

『浅間の暴れん坊』（1958 年）のロケで
河野寿一監督と

『ゆうれい船』（1957 年）で
シロと

『一心太助　男の中の男一匹』（1959 年）のセットで
中原ひとみ、沢島忠監督と

『反逆兒』（1961 年）の記者会見で、伊藤大輔監督と

『ちいさこべ』（1962 年）のセットで田坂具隆監督、東千代之介と

『関の彌太ッペ』（1963 年）の撮影現場で、山下耕作監督と

○表紙　『風雲児 織田信長』（一九五九年 河野寿一監督）©東映
○裏表紙　お役者文七の錦之助

目次

「錦之助映画祭り」トークショー（東京編）

沢島忠監督 トークショー

平成21年11月14日（土）　池袋・新文芸坐

＊沢島忠監督は平成30年1月27日に91歳で逝去されました。沢島監督を偲んで、お元気な頃のトークを再生します。

――錦之助映画ファンの会の藤井秀男と申します。朝から雨模様で心配していたんですけれども、錦ちゃんの映画をやっているうちに天気もだんだん良くなってきたようです。この映画館の中は、錦之助さんの元気溌溂さ、明るさがあふれて、日本晴れという感じがします。今見ていただいた沢島監督の『一心太助』第三作『男の中の男一匹』は、ファンの会でこの日のためにニュープリントにしたものです。いかがでしたでしょうか？（拍手）

　きょうのゲストの沢島監督は、この「錦之助映画祭り」を最初に企画した時、その道筋を作っていただき、大変お世話になりました。さっそくお呼びしたいと思います。沢島忠監督です。

（沢島監督、黒のスーツ姿で登場。大きな拍手）

沢島　みなさん、今日は。ようこそおいでくださいました。雨が降って、足元が悪い中、こんなにたくさんの方にお集りいただき、ありがとうございます。

　泉下の錦《きん》兄《に》ィがどんなに喜んでいることでございましょう。（拍手）その姿が目に浮かぶようで……（感極まって声が詰まる）。

　四十数年にわたって、かけがえのない親友であり、恩人である錦之助に先立たれて、もう十二年になります。手足をもぎ取られたような思いは、今も感じております。

　きょうのこの映画祭には、数ある名作がほかにもあるでしょうに、私の愚作を2本も上映してくださって、主

催者の方に厚くお礼申し上げます。ありがとうございます。（拍手）

最初に見ていただいた『一心太助　男の中の男一匹』は、昭和34年の秋に撮りました。私の13本目の作品です。その前の7月に、『江戸っ子判官とふり袖小僧』という千恵蔵先生とひばりちゃんの主演の作品を撮りました。それは和歌山県の御坊《ごぼう》というところでロケーションをしたんですが、撮影の前日、ロケハンの時に、私はせっかちなもんですから、岩から落ちまして、顔面、もう血だらけになる怪我をしました。それから、椎間板ヘルニアというのになりまして、8月から入る『海賊八幡船《ばはんせん》』が翌年に延びることになってしまいました。クランクアップの直前には、錦兄ィのお父さんの三世中村時蔵丈が不帰の人になりまして、ひばりちゃん母娘《おやこ》といっしょに錦兄ィの家《うち》へお通夜に駆け付けたことが忘れられません。

椎間板ヘルニアの私は、ひと月くらい板のような布団の上に寝ていなければ治らないと言われまして、生まれて初めて、一か月間も布団の上に寝ていました。元気者でしたから、それまで寝たことがなかったんです。会社に迷惑をかけて、来年に作品を延ばしてしまったことを

沢島忠監督のトークショー

悔いて、申し訳なく思って、クサって寝ておりましたところへ、当時製作部長だった岡田茂さん、今は東映の名誉会長（平成23年5月9日、87歳で逝去）でありますが、岡田さんが電話をくれました。

「あのなァ、去年秋に封切りした『一心太助　天下の一大事』、ブルーリボンの大衆賞は錦之助がもらったが、おまえは残念ながら二番やった。秋にやる京都市民映画祭では錦兄ィが主演男優賞、おまえが監督賞をもらうことに決まったから」という嬉しい電話をいただきまして、「9月に立てるようになったら、三作目の『一心太助』を撮ってもらうから、寝てる間に、脚本作っとけ」という指示をいただきました。

その電話の翌日、企画部長の辻野（公晴）さんと小川三喜雄プロデューサーが見舞いに来てくれました。小川三喜雄さんは、昨年亡くなりましたが、錦兄ィのすぐ上の兄貴で、今売り出しの中村獅童くんのお父さんです。「忠さんなァ、今度の『一心太助』は完結篇にする。だから、彦左衛門の最期と、太助とお仲の結婚をやってくれ」と言って帰りました。

この作品は、彦左と太助、家光と彦左の主従の情愛を描いていましたから、彦左衛門を殺すのは、私はイヤだったんですけれど、会社の方針として、「完結篇だ、殺せ！」「最期の場面を書け」ということでした。

彦左の月形龍之介さんは、私の恩人、映画界に入れてもらったのも月形さんのお蔭ですから、彦左の最期を書くのは気が進まなかったんですけれど、仕方なく、「喜んで神君《しんくん》の御許《おんもと》へ参ずる」という最期を書きました。

彦左衛門の亡がらにすがりついて泣く太助の錦兄ィ。7月に父上を亡くしていましたから、二つの思いが重なったんでしょう。もう激しく泣いて、「カット！」という声がかけられないくらい激しく泣きました。スタッフもみんな、もらい泣きをしたような状態でした。

『一心太助　男の中の男一匹』は、11月に封切りして、大変好評で、大入りしたんですが、「なんで彦左衛門を殺したんだ！」「なんでお仲といっしょにしたんだ！」というファンの抗議の電話と手紙が撮影所にいっぱい来まして、それまで、「良くできた、良くできた」と会社のみんなも褒めてくれてたのに、今度はこう言うんです。

「なんで忠さん、彦左を殺すんや？　おれたちは『一心太助』をずっと錦之助のシリーズにして儲けようと思ってたのに、彦左を殺すやつがあるかいなァ」

完結篇にすると言うたことも忘れてしまって、私ばっかり責められる。私だけワルにされて、成績は良かったんですが、私はクサってしまいました。

そのあと彦左衛門は、進藤英太郎さんにやってもらうことになりました。

ちょっとこれは余談ですが、彦左衛門の用人・笹尾喜内は、堺駿二さんがやりまして、二人の隠し子が大阪から来て一騒動起こすところは私が発案したんです。ロケーションの撮影の前に堺さんがそっとやって来て、

「あのー（堺駿二の声色で）、私の隠し子、大阪にいるんですが、どうして知ったんですか？」（笑）

堺さんはほんとうに大阪に隠し子いたんですね。堺さんが真顔でおっしゃるんで、これにはびっくりしました。

「いやあ、堺さん、それは私の創作なんですよ。知りませんでした。ごめんなさい」

「事実は、小説よりも奇なり」ですね。（笑、拍手）

さて、もう一本の『森の石松鬼より恐い』。これは錦兄ィが出した企画でした。昭和15年、戦争中にマキノ雅弘監督が小國英雄さんの脚本でお撮りになった『続清水港』の再映画化です。

「忠さん、これ、ヌーベルバーグだよ。リアリティもあって、いいねえ」と錦兄ィが大変乗り気なんで、私も腕によりをかけて、小國さんの脚本をもとにして第一稿を書き上げました。

辻野企画部長と岡田製作部長が読んで、

「忠さん、おまえ、ちょっとやりすぎやなァ」

「現代劇から時代劇になって、また現代劇になって、なんちゅうホン書くんや。言うとくがなァ、森の石松は、オーソドックスに行け！」

「オーソドックスに行かないと、観客が怒るで。おまえ、時代劇を新しくしよう、新しくしようとして、度を越してるやないか」

私もどうも調子に乗りすぎていたんですね。二人に頭から釘を刺されてしまいました。

錦兄ィの舞台演出家が清水港へ入って、清水港で気違い扱いされて、旅へ出るまではうまく行ったんですが、それから旅に出てからが……、今ご覧になって面白くなかったでしょ？（笑）どうしてもオーソドックスに行けって上の人から言われたもんだから……。

錦兄ィは錦兄ィで、新しいものをやろうとしているから、もう二人とも激論になって、つかみ合いの喧嘩にな

りました。長い間、錦兄ィと仕事しましたが、毎日のように喧嘩し合ったのはこの作品の時だけです。今ご覧になって、旅に出てからがまともになりすぎていて面白くなかったでしょ。あれは私がどうしても、岡田さんと辻野さんに言われてるから、自由奔放に行けないんですよ。錦兄ィは行こうとするけど、私のほうが行けなくなって。後半はあんまり面白くなかったんじゃないかと思います。批評家の方からもボロクソに言われましてね。

「初めは面白かったけどな。清水港出てからが面白くない。石松の最期も、あんなんではダメだな」

これまで応援してくださった滝沢ピン（＝滝沢 一《おさむ》）さんなんかからもボロクソに言われました。みんな、変わったもんやると思っていたんでしょうね。私はすごくオーソドックスに行きました。みなさんも退屈なさったでしょう。すいません。（笑）言い訳するような作品はダメなんです。

えー、こんな話は面白くないですよね。

「おまえが苦労した話なんか、聞きに来たんじゃないわい。錦之助の話をしろ！」（笑）

はい、わかりました。錦兄ィの話をいたします。

錦兄ィは、二度と出ない大スターであります。二度と出ない時代劇の役者でした。町人もいい、お殿様もいい、武士もいい、浪人もいい、股旅物もいい。こんな広範囲に何でもやれる役者はいないと思います。どの役も華と品があって、リアリティがあって、モダニティがあって、色気がありました。そういう魅力を東映に入った21歳の時から、身体に備えていました。

それは3歳の時から歌舞伎の世界で、彼が名人上手に絞られたり、可愛がられたりして培った、培われたものだと思います。錦兄ィは、子役の時に、十五世市村羽左衛門、六代目尾上菊五郎、伯父さんの初世中村吉右衛門、父上の三世中村時蔵、こういう人たちの芸を目の当たりに見て、可愛がられ、しごかれました。

錦兄ィの持っている色気とモダニティは、市村羽左衛門さんから受け継いだものだと思います。羽左衛門さんは錦兄ィをすごく可愛がったそうです。

反対に、伯父さんの吉右衛門さんは大変厳しかった。

「何ですかそれは。あんた、役者でしょ」と怒られた。

怒られて錦兄ィが泣くと、

「泣いてつとまりますか。泣いてもダメです。あんた、役者でしょ」と大人の弟子と同じように叱られて、仕込

沢島監督のトークに聞き入る満員のお客さんたち

まれたそうです。

錦兄ィのあのリアリティ、芝居のリアリズムは、吉右衛門さんから受け継いだものだと思います。あの滔々たる名ゼリフ、人の肺腑をえぐるセリフも吉右衛門さんから受け継いだものだと思います。

イナセと二枚目半、これは六代目菊五郎と、十七世勘三郎から受け継いだものでしょう。十七世勘三郎さんは、今の勘三郎くんのお父さんです。

そういう名人上手に仕込まれて、一生懸命努力した天才でしたから、指導役になっていた中村又五郎さんが「もう錦ちゃんには教えることがないわ」と言ったほど熱心に稽古したそうです。長唄、小唄、三味線、謡、舞踊、もう何から何まで、最後は能まで稽古したそうです。

これは本人が言うんじゃなくて、弟の賀津雄ちゃんの証言ですから、本人は一言も誰にも、あれを稽古したとか、これを稽古したとか一切言いませんでしたが、もう子役の時から稽古、稽古、稽古、稽古で暮らしていたそうです。

この大天才がね、子どもの時、思いがけぬことをしたんです。お父さんの三代目時蔵さんがかねてから欲しがっていた横山大観の富士山の掛軸、それをようやく手に入れて、「こんな立派なものが手に入った。これはわが家の家宝だよ」と言って、床の間に掛けて、拝むようにして、毎日、歌舞伎がはねるとすぐ帰って来て、観ていたんです。

ところがある日、掛軸の前で、「あっ！」とびっくりして、棒立ちになられた。富士山の下の余白のところに、飛行機が描いてあるじゃないですか。

「誰がこんなことをしたんだ！」

烈火のごとくお怒りになったのですが、なんと天才錦兄ィが、下の余白がもったいないなァ（笑）と思って、飛行機を描いたんだそうです。

「あの時ほどオヤジに怒られたことはなかったなァ」と錦兄ィはよくその時のことを思い出して、ベソをかいておりました。

錦兄ィは歌舞伎にいた頃から映画も大好きで、毎日のように映画館へ通って、もうお金がないから、亡くなった淀川長治さんと知り合いになって、チケットをもらって見ていたそうです。アメリカ映画が大好きでした。それで、自分の好きな映画は、細かなカットまで全部覚えているんですね。そして、自分流に批評を書いておりました。

映画に入ったのは、もちろん歌舞伎であまりいい役がつかなかったからということもあったでしょうが、やはり映画が好きで好きでたまらなかったからです。

「映画のキャメラほど正直なものはない。キャメラの前にいると、心が落ち着くんだ。あれほど信用できるものはない」と言って、ミッチェル（アメリカ製の撮影機）の前で演技するのが一番好きな人でした。

錦兄ィは最初、マキノ光雄さんが、マキノ雅弘監督の弟さんですけど、マキノ光雄専務が『笛吹童子』の主役にしようと思って、東映に連れて来たんです。

昭和29年の春、東映京都に錦兄ィは入りました。

「あんな甘い顔をしたのは受けんで」とか、いろいろな批評が錦兄ィに対して出ていました。私は、

「すごい江戸っ子役者が入って来た。鋭いカミソリのような男だ。京都撮影所に新風が吹き込んできた」と感じて、ワクワクしました。

錦兄ィのことをすごく認めたのは、『笛吹童子』のキャメラマンの三木滋人さんでした。この方はマキノ映画時代からの名キャメラマンで、

「あの子はええ役者になるよ。笑った時の眼がいい。

『紅孔雀』のロケ現場で
高千穂ひづるの背後に立っているのが沢島助監督

怒った時の眼もいい。この二つを持った人はなかなかいない」と評しておられました。

私が錦兄ィと最初に仕事をしたのは、昭和29年秋の『紅孔雀』でした。皆さんのお若い頃の映画で、懐かしいでしょう。もうその頃は錦兄ィは大変な人気がありまして、ロケーションに行きますと、人、人、人で、私は人よけばっかりしておりました。助監督は人よけが仕事でした。

マキノ光雄さんが「中村錦之助の名前と顔をお客さんに覚えさせなきゃいかんから、毎週主演映画を出せ」と命令していまして、もうとにかく錦兄ィは寝る暇もないくらいよく働いておりました。昭和29年には一年に16本の主演映画に出ました。5月だけで6本の主演映画でした。彼は自伝にこういうことを書いています。

「二、三時間仮眠をして、ロケーションに行き、また二、三時間仮眠して、セット撮影に入る。それでなければ、封切りに間に合わなかった。毎週封切り作品が変わるんですから、私は無我夢中でぶつかって行きました。あのように忙しかったおかげで、短い間にいろいろ教わって、映画というものを早く身に着けることができました」

錦之助の映画で映画館は鈴なりの人で、ヒット、ヒットを続けて、錦兄ィはあっという間にスターになりました。当時下加茂にあった小田屋という旅館に錦兄ィは宿泊しておりましたが、毎日ファンレターが何百通も来ました。犬飼現八という役を演じた『里見八犬傳』が封切られますと、「京都市　犬飼現八様」と書いた手紙が小田屋へ届きました。郵便局の局長さんから配達の人たちまでみんな錦兄ィのファンだったんですね。

昭和30年、31年、32年は錦兄ィの絶頂期でした。『あばれ纏千両肌』という野狐三次の映画で、北野天神のロケーションの時など、もうどっちを向いても、人、人、人で、「よし、空に向けて撮ろう。錦兄ィ、もっと前へ来て、前へ来て」と言って、キャメラをぐーっとあおりましたら、木の枝、梢に、いっぱい人がなってる！（笑）それで撮影は中止になりました。そのくらい大変な人気でした。今の若い人には信じてもらえないほどの錦兄ィの人気でした。

『紅孔雀』五部作で初めて錦兄ィと仕事をしまして、お互いに意気投合しました。不思議な信頼と友情が芽生えました。

演技は心だ。思いっきりぶつかってくるような迫力がある演技。関西人には少ない竹を割ったような気風の良さ、イキの良さ、御曹司に備わった華のある気品、爽やかな近代スポーツのモダンな感覚。東映京都にそれまでなかった若い色気とシャープさ、適度な不良性。天才錦兄ィ！　鈍才の私にはないものばかりで、たちまち私は錦兄ィに惚れこんでしまいました。『紅孔雀』五部作以来、約二年間、21作品。錦兄ィの初期の作品にはほとんど私がチーフ助監督でついていました。二年間いっしょに暮していたようなもので、この二年間で二人の友情は厚い絆ができました。

天才役者錦兄ィは遊びも天才でした。錦兄ィは仕事も一生懸命ですが、遊びも一生懸命。一晩のうちに祇園町から先斗町《ぽんとちょう》、先斗町から上七軒《かみしちけん》、お茶屋のハシゴ。それも一人で静かに飲むんじゃなくて、十数人のスタッフや役者を連れて、遊び回るわけです。思い切って豪快に遊びました。実に楽しい酒でした。一晩にジョニ黒一本は常に空けていました。

「気を遣うことは、己の感性を磨くことだ」というのが錦兄ィのモットーでしたから、人を楽しくさせるのも遊ばせるのも名人、酒を飲ませるのも名人でした。大いに飲んで思いっきり楽しく遊んでる時でも、全然気を遣ってるようには見えませんでしたが、細かい神経が行き届いた錦兄ィでした。

「きょうはちょっと雰囲気が盛り上がらんなァ」と言うと、祇園町のお茶屋さんからパンツ一枚でいきなり飛び出して、裸で花見小路をずーっと走り出した。もう芸子さんや舞子さんは「やめてえなァ、若旦那、待って！」と言って、着物やなんかを持って、後ろから行く。私たちスタッフも、怪我でもされたら明日から仕事ができませんから、「錦兄ィー、やめてくれ！」と追っかける。その当時はまだ市電が通っていましたから、危なかったんです。やっとつかまえて別のお茶屋さんでまったく新しい雰囲気で飲み直すことになりました。いかにも錦兄ィらしい気遣いが表れた話であります。

江戸っ子錦兄ィは大変人情深かった。スタッフといっしょに飲んで木屋町通りを入っていきますと、ずーっと屋台が並んでまして、おでん屋の前に来ると、

「どうだい、景気は？」

「もうあきまへんわ。不景気で困ってますわ」とおでん屋のあるじが泣くように言うと、

「よーし、わかった。じゃあ屋台ごとオレが買おう」

「えっ、ほんまですか？」いっしょにいたスタッフや仲間も、「錦兄ィ、本気かいな？」

「武士に二言はない！」と財布を投げ出して、木屋町から四条へ出て、東山七条の山の中腹にある錦兄ィの家まで、屋台を押して、ガラガラ、ガラガラ……(笑)。帰ると、家中のみんなを起こして、「さあ、これからおでんパーティをやるぞ！」大変な騒ぎになりました。

錦兄ィの野球好きは度はずれていました。東映に入って二年目に錦ちゃんチームを作りました。オーナーであって、監督であって、主戦投手で四番を打っていました。自分ところのお弟子さん、付き人、運転手は、甲子園へ出た者なら無条件で入れた。入れるといきなりスターティングメンバーから試合に出した。錦ちゃんチームの勝率は9割。そりゃあそうですよね、ほとんどメンバーが甲子園へ出たことがあるんですから。

当時はプロ野球界と映画界が割合緊密な関係で、400勝投手の金田正一さんは、ひばりちゃんと仲が良かったものですから、ひばり母娘が錦兄ィと金田さんを招待して食事会を開いたことがありました。酒のピッチが上がるうちに、錦兄ィと金田さんの口論が始まりまして、まだ金田さんが巨人軍へ来る前で国鉄にいた頃ですが、金田投手が登板するたびに巨人軍をシャットアウトしたりするから、巨人ファンの錦兄ィは腹が立ってしょうがない。

「あんたでも20球投げるうち1球は失投があるにちがいない。必ずオレはそれをヒットしてみせる」

「錦ちゃん、アホなこと言わんとけや。ワシはプロやで。ワシの球、かすりもせんわ。かすったらプロやめないか

んわ」

「いや、打ってみせる！」

「いや、打たさん！」

もう喧嘩になりまして、私が中へ入っても終わらないくらいの口論になりました。

後日、錦兄ィは、

「大失言したなあ。プロの自信と気迫には参ったよ」

金田さんも時々会うと、

「忠さん、錦ちゃんの頑固さには参ったなァ。だけど、ワシの球、打てると言ったのは、シロウトでは錦ちゃんよりないで」

江戸っ子錦兄ィは喧嘩早かった。たえず正義感に富んでいました。常に弱い者の味方。弱い者をかばって、上の権力者や威張ってるヤツにつっかかっていく。これが一心太助のイメージのもとだったんです。『一心太助』をやるまで、錦兄ィの地を生かした映画がなかったんです。どうしても錦之助の地をそのまま出したい。竹を割ったような江戸っ子の気性。普段の錦兄ィを出したい。二枚目半的な普段の面白い錦兄ィを出したい。それに加え、格調ある三代将軍家光を演じてもらうことにしました。作品のテーマは、家光と彦左、太助と彦左の主従の情愛にいたしました。3年間の二人の友情がいよいよ世に出る時ですから、もう二人は無我夢中で撮り上げました。

錦兄ィの比類ない感性が私を引っ張ってくれました。

錦之助・沢忠コンビという名前をつけてくれたのは、関東方の、と言ったらおかしいですね、東京方の一番の批評家だった読売新聞の谷村錦一さん、関西方では京都の滝沢ピンさん。この二人が、錦之助・沢忠コンビと呼んでくれまして、「この作品で時代劇のリズムが変わった。画期的な作品だ」と書いてくれました。

錦兄ィも自伝に、『一心太助』にはそれまでの東映映画にない新鮮さを感じました。一番〝私らしさ〟が出た作品ではないでしょうか」と書いています。

錦之助・沢忠コンビの第一作が成功しまして、贔屓強い錦兄ィは以後40年間、亡くなるまで、鈍才の私を使ってくれました。私が今日あるのは、錦兄ィのお蔭です。


今さっきから沢島の話を聞いていると、錦之助ちゅうのは、酒飲んで、遊んでばっかりやないか、と思われる人がいるかもしれませんが、とんでもない。錦兄ィほど努力する人はいませんでした。錦兄ィほど脚本を読む人はいませんでした。それを全然人に見せない。天才とい

沢島宅で錦之助と（1959年春）

うのは、人のいないところで努力するんですね。今の役者は、簡単にホンをさーっと読んだだけで役を作って、作者や脚本家が考えて考えて書いたセリフを、自分の言いやすいように直して平気でペラペラしゃべる。そんな役者が多い。錦兄ィは一切そういうことはしませんでした。何回も何回も脚本を読んで、その作者の書いたものよりもずっと良い表現をしてくれました。芝居の脚本、「忠臣蔵」とか「宮本武蔵」とか、私が書いたそういうものでも、錦兄ィは１００回読んでくれました。台本に「正」の字を書いて、一回、二回、三回、四回、五回と読むと、「正」の字が一つ、それをずーっと書いていって、１００回読んだというのが錦兄ィでした。

錦兄ィは台本だけでなく、本もたくさん読む読書家でした。読んでいるところを人に見せないんですが、本を一番よく読んでいる人でした。中里介山の「大菩薩峠」全15巻を読み切ったのは錦之助だけですよ。まだ私も読み切っていません。

錦兄ィほど激情の人はいませんでした。他人の不幸には声を上げて泣く。戦争や不正に対しては憤る。でも普段は思いやりのあるやさしい男でした。とくに女の人にはやさしかった。（笑）そして、大のおしゃれで、ユーモアたっぷりの人でした。

芸は品がなくてはならない、というのが錦兄ィと私の持論です。病院に入ってからもテレビを見て、「近頃は品の悪い役者が多いなあ」とよくこぼしていました。

「われ事にのぞんで後悔せず」という宮本武蔵の言葉が錦兄ィの座右の銘でした。

最後の入院は、甲子《かつこ》夫人の捨て身の看病で、どれだけ錦兄ィが救われたことか。心を癒されたことでしょう。甲子夫人がナースステーションへ行っている間、錦兄ィと二人きりになる時がありました。そのたびに錦兄ィは甲子夫人に対する感謝の気持ちを述べておりました。

平成8年の7月初めのことでした。

「忠さん、頼みたいことがあるんだよ」

「なんやねん。会いたい人があるのか？　どこかに隠し子でもあるのか？」（笑）

「ちがうよ」と錦兄ィは笑いながら、

「7月8日は甲子の誕生日なんだけど、去年の九州大学の病院以来ずっと付き添ってくれて、看護婦以上だったのに、なんにもしてやれなかった。この病室で誕生祝いをしてやりたいんだが、飯田社長に相談してくれないか。頼むわ」

自分の手術を目の前にしながら、甲子夫人の誕生祝いをしたいという錦兄ィの真情に胸を打たれまして、私は早速東京に帰り、飯田社長に会いに行きました。この方はゴルフ場をたくさん持つ実業家で、錦兄ィも私も大変お世話になっていました。飯田社長に錦兄ィの意思を伝えまして、ひそかに準備して、いよいよ7月8日の誕生祝いの当日。飯田社長も社員の人たちも来てくれて、錦兄ィが小さな声で「ハーピーバースデー」と歌い始めました。予期せぬことに甲子夫人はびっくりしたり、喜んだりで、それを嬉しそうに眺めていた錦兄ィの顔が今も忘れられません。

錦兄ィほど私によくしてくれた人はいません。私事で大変恐縮ですが、私の家内が亡くなりましたのは、平成2年6月2日の午前3時30分。遺体を家へ持って帰りまして、朝の6時頃、ちょっと早いかなあと思いましたが、お世話になった錦兄ィのところへ電話をいたしました。お手伝いの節ちゃんが出まして、

「実はきのう、奥さんと十人の弟子を連れて、瀬戸内海の小豆島の近くの島へ芝居の稽古に行って、夜中の12時頃着いたと電話がありました」

「あー、そうですか。折角行かれたんだから、家内が亡くなったことだけ伝えておいてください。いろいろお世話になり、ありがとうございましたと」

その日の午後3時頃、納棺をしている時に、ふと見ましたら、廊下に錦兄ィと甲子夫人と十人の弟子が坐ってるじゃありませんか！　目を疑いました。錦兄ィに抱き

すがって泣きました。錦兄ィは留守番の節ちゃんからの電話を聞くやいなや、船をチャーターして、奥さんと弟子十人を連れて高松へ急行し、高松空港から飛行機で帰って来てくれたんです。島にいたのは6時間と15分くらいだったそうです。お通夜から葬儀一切のことを錦兄ィは仕切ってくれました。葬儀の後もいろいろ面倒を見てくれて、私に生きる力を与えてくれました。

平成8年3月30日に、錦兄ィと奥さんの二人が弟子の小林くんに仏壇をかつがせて私の家へ運んで来ました。錦兄ィが用賀のお母さんの家へ引っ越すまで拝んでいた黒檀の立派な仏壇を私にくれると言うんです。いかに親友とはいえ、仏壇をくれる人なんかありません。（笑）

仏壇の中には金の阿弥陀様が祀ってありました。その年は家内の七回忌でしたから、家内が帰って来たという思いで胸がいっぱいになり、喜んでありがたくお受けしました。その二日後の4月2日に、また錦兄ィが来てくれて、床の間に置いた仏壇を見て、

「ああ良かったね。ちゃんと納まったね。良かった、良かった」と言い、仏様を拝んでから、その足で入院いたしました。それが最後の入院だったんです。

天才錦兄ィは、形見の仏壇を残して、平成9年3月10日にこの世を去りました。

今年は早十三回忌です。錦兄ィの魅力を語るには、これだけの時間ではとても足りません。

「もう終わりにしろ」と言われそうですから、終わりにします。（笑）

錦兄ィの戒名は、「寶樹院殿萬譽錦童大居士」。「童」の字が入っていますが、最期まで童心を失わない純粋な心の持ち主でした。何と言っても早く逝きすぎですよね。できれば、私が代わって逝きたかった。でも、錦兄ィは常人が１００歳まで生きても成し遂げられないことをやり、素晴らしい映画の数々と魂を揺さぶる迫力ある名舞台をいっぱい残して逝ってくれました。その感動は私たち日本人の心に生き続けていると思います。

錦之助は、二度と出ない、日本一の役者でした。（大きな拍手）　ありがとうございました。

有馬稲子トークショー

平成21年11月21日（土）池袋・新文芸坐
聞き手　藤井秀男

——本日はこんなにたくさんの方にいらしていただき、ありがとうございます。お待たせしました。さっそくお呼びいたします。有馬稲子さんです。

（花柄のロング・スカートに真っ赤なジャケットを身にまとった有馬さん、颯爽と登場。大きな拍手。有馬さん、にっこり笑って、客席に一礼し、着席）

——映画をご覧になって涙ぐんでいらしたみたいでしたが……。

有馬　今、終わりのほうを見ていたら、もう泣いちゃって、ちょっと言葉が出ないんですけど……。やっぱり、いい映画は、イイーですねえ！　みなさん、ほんとにようこそお越しくださいました。うれしい！　ありがとうございます。（大きな拍手）

——きょうは「錦之助映画祭り」ということで、錦之助さんのお話をお伺いしたいと思います。まず、馴れ初め、なんですけど。（笑）雑誌の対談ということで、その雑誌、今ここに私、持ってきました。（客席に見せる）

有馬　「近代映画」っていう、あのー、こういう雑誌がありましてね、私、いつもインタビューアーしてたんで

「近代映画」（1956年1月号）のネコちゃん対談

す。そして、いろんな俳優さんに、私が毎月一回会って、お話を聞いていて。で、ある時、錦之助さんに会ってほしいって言われて。それまで私、大変悪いんだけど、錦ちゃんの映画一本も見たことなかったんです。（笑）時代劇はあんまり好きじゃなかったもんですから、見なかったんですね。それで、対談する前に、あわてて見に行って。『一心太助』かなんか見たんです。

――いや、それは『獅子丸一平』なんですよ。この雑誌、１９５６年１月号（前年12月発行）なので、多分１９５５年の11月ごろに見られたと思います。まだそのころ、錦之助さん『一心太助』やってないんで。（笑）

有馬　そうですか？　ともかく、映画見て、すごく素敵でびっくり仰天しちゃって。で、私、インタビューアーとして会って、お話して、もうすっかり意気投合しちゃったんですね。ものすごーく面白い人で……、それで、その日のうちに、私、田園調布の家《うち》に、対談がすんでからお呼びして、家でなんか私が下手なお料理作って、ご馳走してね。彼とお酒飲んだの、覚えているんです。

――ゲストの方をご自宅に招待するなんて、めったにないですよね。

有馬　そんなのないですね。

――しかも錦之助さん、初対面で。

有馬　ええ、初対面で、その日のうちにお招きしたくらいですから、よっぽど気に入ったんだと思います、お互いにね。なにしろ非常に頭の回転の速い人でね。すごく口の達者な人で、とっても面白い人だったんですよ。冗談ばっかり言って。冗談ばっかり言ってるんで、スタッフもすごく彼のこと好きでした。私たち結婚してから、あのー、９００坪の土地に１５０坪の家に居たんですけど、プールも雨天体操場もあるような素晴らしい家に居たんですけど、その時もスタッフがみんな終わってからご飯食べに来るんです。みんな遊びに来ちゃって。だから３６５日ね、夫婦二人の家なのにね、結局、ご飯食べる人がいつも一ダースくらい居て、スチールマンとか、キャメラマンとか、キャメラマンなんか泊まりっぱなしの状態で、かつら屋さんとか衣裳屋さんとか、そういうスタッフに、演出部の方たちも、みなさんいらしてね。とにかく晩ご飯がものすごかったですね。３６５日くらい、みんなといっしょにご飯を食べてたという家でした。お金もどんどん出ましたし……。（笑）

――だけど、最初に出会った時から『浪花の恋の物語』までがかなり期間がありますよね。

有馬　かなりでもないでしょ。

――いや、最初のこれは1955年の終わりなんですけど、『浪花の恋』は1959年です。4年間くらいあるんですね。

有馬　そうですかね、私はすぐだったような気がしますけど。

――その間に錦之助さんとの共演の企画が何本か上がっているんですね。『成吉思汗』という映画あって、有馬さん、錦之助さんと共演することになっていたんですよ。

有馬　それ、東映の映画ですか？

――はい、マキノ（雅弘）監督の。ご存知ない？

有馬　えっ、全然知らなかった。聞いてないような気がしますけど。

――少しだけ撮影したんですけど、ストップがかかって。

有馬　そうですか。『成吉思汗』ってやらなかったですよね。

――プロデューサーのマキノ光雄さんが途中で倒れてしまったこともあって、結局流れて。もう一本、共演作の話が持ち上がっていたらしいのですけど、それもボツになって、三本目にやっと……。

有馬　それが『浪花の恋の物語』だったのね。あなた、お詳しいですわね。（笑）

――はい、一応錦之助ファンの会の代表なんで……。有馬さんのことも調べてますけど。

有馬　あっ、そうですか。

――『浪花の恋の物語』の時は、クランク前に打ち合わせもあったみたいで、鈴木尚之さんが書いていますけど。

有馬　打ち合わせしたなんて、覚えてませんね。

――そうですか。

有馬　あのー、ふつう、映画っていうのはリハーサルがないんですけど、珍しく、『浪花の恋～』の時は内田先生がね。最後の二人が新口村に逃げちゃってから、二人のとても長いカットだったんですね。映画っていうのは、3秒とか5秒とか10秒とか、秒単位なんですけど、あれは何分っていうような長回しをセットで。そこは練習しました。リハーサルしましたね。それと、セリフがですね。私、関西人ですから、関西弁強いんですけど、それでもやはり、梅川の言葉はちょっと廓言葉なんですね。京都弁でも京都弁ではないような、大阪弁でもないし、なんかとても難しくて……、それで、京都の先生が私についてて。またその先生が厳しい人で、コテンパンに私、絞られました。それを覚えています、はい。

――有馬さんもお話されたり、お書きにもなっていますが、クランクインして一週間くらいでプロポーズされたとか。

有馬　いえ、一週間っていうのはちょっと早いですね。えーと、10日くらいですかね。（笑）でも、プロポーズされたっていうんじゃなくて、錦之助さんが家族ぐるみのお付き合いをしたいとおっしゃって……それで、すぐお母様にも紹介されて、お兄様はプロデューサーでいらしたのでその前に紹介されて、なんだか次から次からお家《うち》の方と会いましたよ。

『浪花の恋の物語』の撮影時、監督室で

――まあそれは、嫁に迎えるってことなんでしょうね。

有馬　さあ、それは知りませんけどね。（笑）

――有馬さん、どうだったんですか。戸惑ったっていうより、嬉しかったんですか？

有馬　そういうお付き合いをね、きちんと家族ぐるみのお付き合いをしようと言ってくれた彼の誠意はとても良かったんですけど……。きょう私の本を売っておりますので、みなさん買っていただきたいんですけど、錦之助さんのこともずいぶん書いてあります。「バラと痛恨の日々」です。読んでもらえば分かりますけど、赤裸々に私の過去を書いてあるんで。錦之助さんと結婚する時も、スムーズにぱんぱんと行ったわけではなくて、ちょっと私も別の恋をしておりまして……。（笑）それがなかなか難しい恋でね。大変ガタガタしていまして。この時に錦之助さんからお話があって、で、いろんなことをすべて解決して結婚したわけでございます。結婚したんですけど、たった四年ほどで別れてしまいまして……。今考えますと、この本にも書きましたけど、なぜ私は離婚したのかというのが、ちょっと分からないんです。なんだかもう自分でカァーとなっちゃって……私、思いつめるほうなんですね。ですから錦之助さんとこのお家《うち》で、お母様がいらして、いろいろありましたんで、私は嫁としてもう務まらないと、すごく自分で思っちゃって。これは私が身を引くしかないと思って、さっと身を引いてしまったということなんですね。だから、今考えると、どうしてあんな風に思いつめてしまったのかと……。その時はほんとに、頭の中にこんな十円玉のような、脱毛症になったくらい、思いつめたんですね。ちょっと一種のノイローゼみたいになっちゃって、離婚したんですけど。今考えるとね、なにも離婚しなくても良かったんじゃないかと……。（笑）それは勝手な言い方ですけどね。結局、たった四年で離婚しました。でも私、全身全霊で尽くしましたので、ほんと悔いのないくらい一生懸命家のために尽くしたつもりでございます。（拍手）

――結婚期間中に有馬さんが、錦之助さんの映画の企画を考えられたこともあったと聞いていますが、今井正監督の映画とか……。

有馬　錦之助さん、その頃、東映城の若殿様とか言われて、東映の人だったんですけど、私はそれだけじゃつまんないと思って、彼をなんとか日本の錦之助に……、三船敏郎さんが外国映画に出たりしていらしたんで、さらに国際的な俳優になってもらいたいと思って。それで、いろんな作家に会わせたりしてたんです。それがまたね、お家の方針と違ったみたいで、お気に召さなかったようなところもあるんですね。私、せっかちで、あなたと同じように……、（笑）とんとことんとこ進めるほうなんで、錦之助さんをただの東映城のプリンスにしておきたくなくて、それで作家に会わせたりして。芝居の「真田風雲録」を書いた福田（善之）さんなんかに会わせたりね。錦ちゃん、映画でやったでしょ。

――『真田風雲録』はこの間上映しました。トークゲストの渡辺（美佐子）さんが言ってました。有馬さんと錦之助さんが芝居を観にいらして、有馬さんが気に入って、錦之助さんに映画化を勧めたみたいに。

有馬　そうそう。

――錦之助さんは実は、あまり乗り気じゃなかったらしい。（笑）

有馬　だからね、そういうふうに、錦ちゃんをもっと大きな役者さんにしたいと思って、あまりにもせっかちにそれを実行しようとしたことがお家の方針と合わなかったのね。そこから亀裂が入ってきたわけです。

――現代劇とかお勧めになったんですか、リアリズムとかの？

有馬　いえ、現代劇は……。あの頃の東映の作品っていうのは決まっていて、つまんないと思って、もっと人間味のあるものをやってもらいたいと思ったもんで。先を急ぎすぎたっていう、私の悪い癖でして。

――田坂監督の山本周五郎原作の文芸大作なんか、従来の東映時代劇とは違ってましたね。

有馬　そうですね。錦ちゃん、もう３００本くらい撮ってましたたか、あの頃？

――えっ、東映でですか。錦之助さん、そんなに撮ってないですよ。

有馬　なんだかものすごくたくさん映画撮ってたような気が……。ちょこちょこいろんな作品にも出ていたじゃないですか。

――多い時で、１年に13、４本ですね。東映を辞めるまでで計１２１本。全部で１４３本なんですよ。

有馬　えっ、そんなもんですか。私、七年間で70本ですからね。少ないんです。

――離婚のことはともかく、別れられて、その後、錦之助さんのことは関心がおありだったのですか？

有馬　もちろん、関心は持ってましたよ。彼がＮＨＫのドラマの「花の乱」に出た時に、最後のほうですけど、もううまくなられて……もともとうまい方だったけど、素晴らしくなられて、感心しました。

――テレビなど時々ご覧になってましたか？

有馬　もちろん見てました。ただ、「子連れ」のあれは、どうも、あんまり好きじゃなかった。(笑)　錦之助さんって、とっても明るい人で、ものすごく面白い人なんですよ。ほんとに快活で、冗談好きでね。ペラペラペラペラ冗談が出てきて、それでスタッフがみんな錦ちゃんファンになったんですけど、そういう片鱗がなかったでしょ、「子連れ狼」は。どうもこれは錦之助さんの良さを生かしてないと思いました。

――一心太助の錦之助さんみたいに？

有馬　あれは、もう、素晴らしい！　あんなの今、あれだけ軽妙にやる役者はいないと思いますよ。べらんめえでね、面白くてね。ほんとに機敏っていうか、俊敏というか、もう、ひらめき、才能がキラキラ輝いてましたね、あの一心太助には。

――東京弁で、気風が良くて、啖呵が切れて、昭和の戦

後の俳優の中では、錦之助さんがピカ一だと、僕は思ってるんです。（拍手）

有馬　いまだにこんなに多くの錦ちゃんファンが集まっていらして、ものすごいことだと思います。

――錦之助さんの映画はポジ・フィルムがなくて、これまで映画館で見られなくなったものが多かったんですが、今回の上映会で十数本の映画がニュープリントになりました。これからも新しく焼き直していきたいと思ってます。『浪花の恋の物語』もフィルムセンターのものを東京映画祭なんかでは上映してたんですけど、今回ニュープリントになりました。

有馬　『浪花の恋の物語』はＤＶＤもあるので、お買いになって、お家でもご覧になってください。私もよく家で見ていますけど。さっきの話だけど、錦之助さんの映画、そんなに少なかった？　私、錦之助さんと結婚して、彼が仕事してないとこいっぺんも見たことないですからね、３６５日、出ていってました。私、朝５時半ごろ起きて、錦之助さんのご飯を作って、彼を出して、しばらくしたら、家《うち》に泊まってる人たちが起きてらして、その方たちのご飯を作って、それから大あわてで、お弁当を作って、私、東映の撮影所へ届けてましたから。すごく働いた嫁だった。（拍手）われながらよくやったと思うくらい。それでね、お家《うち》が１５０坪でしょ。すごく大きいんですよ。ですから今考えれば、掃除機もあるんだから、そんなに、普段使わない部屋なんか掃除しなくても良かったんです。でも、私とっても生真面目な性格なんで、全部お掃除しなきゃいけないと思って。お手伝いさん三人いて、私と四人で１５０坪のおうちを全部掃除してたんです、毎日。ですから、お昼ご飯届けて帰って来てから、家中掃除してですね。たとえば体育館も時々掃除して、そうするとすぐ夕方になって、そうしたら６時になって、彼帰って来る。ダダダッとスタッフを引き連れて帰って来る。すると酒盛りが始まるんですね。晩ご飯を出して、グイグイグイ飲んで、飲んだから早く死んじゃったんでしょうけど……。結局２時ごろまで飲んで、パッと寝て、６時に起きるんです、３６５日。よくやりましたね、錦ちゃんもねえ……（有馬さん、感無量）。

――有馬さん、結婚してましたからずっと映画も出ていないですよね。

有馬　ええ、引退してましたから、私。でも、錦ちゃんってほんとにイイ人でした。もうね、イイ人でしたと言う

有馬稲子さんのトークショー、超満員であふれるお客さんたち

だけで涙が出てくるくらい……。でもね、とってもイイ人だっだんだけど、あんまり、イイ夫じゃなかったですね。（笑）いや、というのは、日頃の日常生活に関心が、あまりに彼はないから、奥さんがこういうことで、お金のことで苦労してるとか、そういう配慮がね、嫁さんに対する配慮はなかったですね。もうとにかく、船がほしいとなったら、今すぐ、車がほしいとなったら、すぐで、車と船をいっぺんに買っちゃうくらいでして。ほんとにもうお家は火の車で、大変でした。

——錦之助さんの面白い癖とか、何かありましたか？

有馬　そうねえ……、ヘビと写真が大嫌いでね、あの人は……。

——こんなこと言っていいかどうか……。あのー、錦之助さんはよく人前で、放屁なさったとか。

有馬　あっ、そうですか。

——婚約時代に有馬さんの前でも平気でしたとかという話も……。

有馬　そうでしたっけ？　忘れちゃったわね。

——そんなところも有馬さんが気に入られたみたいなことがどっかに書いてありました。

有馬　私、そういうところも好きですよ。生まれっぱなしのね。素のままで飾らない人間でしたから、あの人は。

――錦之助さんのそういうところに有馬さんが惚れたんでしょうが、やっぱり相思相愛だったんですよね。

有馬　相思相愛というと、ちょっと違う。それはまあ、何と言えばいいかしらね。あなた、物事をそう単純に考えちゃダメよ。（笑）　いろいろあるんですよ。だから、そういうことは本に書いてありますから、読んでいただいたら分かります。

――錦之助さんのほうは完全に惚れてたんでしょう？

有馬　いやあ、それも分かりませんけど。ともかく、錦之助さんも私と結婚するまでは、いっぱいありましたから、もうほんとに。そういう話、いっぱい聞いてましたから。だから、私だけがどうこうということでもないと思いますけど。でもいっしょになってからは、ほんとに仲良しでした……（涙ぐむ）。

――では、有馬さんの本は向こうに置いてありますから、ぜひ買っていただくとして。きょうこのあと、有馬さんの予定が入っていて、お帰りになるんですけど、ロビーでちょっとお写真だけということにしまして。

有馬　本には先ほどサインしておきましたから、よろしかったらお買い求めになってください。

――時間がずれてしまったので、申し訳ありませんが、きょうはサイン会のほうは遠慮させてください。

有馬　そう、きょうはみなさんたくさんいらしたので、上映が始まるのがずいぶん遅れてしまって。全部時間がずれているんだそうです。ですから、また……。もう、そろそろ終わりでしょ。（笑）

――有馬さんは、よく映画館へもいらっしゃるそうですね。

有馬　ええ、広いスクリーンで見るのが好きなんです。自分の家でＤＶＤで見るのもいいですけど、やっぱりね、スクリーンで見ないと。私も小津（安二郎）さんとか今井正さんとかの名作に他にも出ていますけど、これはとくに好きな映画なんです、『浪花の恋の物語』は。（拍手）

――きょうはほんとうにありがとうございました。有馬さんは横浜にお住まいで、わざわざ車で来ていただきました。

有馬　ほんとうにきょうはうれしゅうございました。こんなにたくさん錦之助さんのファンが来て……。

――有馬さんのファンの方もたくさんいますよ。

有馬　私のファンの方も何人かいらっしゃるでしょうけ

ど……。

——いや、有馬さんがゲストにいらっしゃったので、こんなに多くの方がお見えになったと思います。ありがとうございました。（大きな拍手）

有馬稲子自伝「バラと痛恨の日々」

自家用のエンゼルキス号で、錦之助と有馬稲子

錦之助の笑顔

錦之助が映画のラストで見せるあの明るい笑顔、満ち足りたような晴れがましい錦之助のアップの表情が私はたまらなく好きだ。錦之助はこれを真正面から見せる時もあり、少し横向き加減で見せる時もあり、また振り向きざまに見せる時もある。そのどれもが良いが、映画のラストで錦之助がこちらに向かって微笑んでくれるとああ良かったなあと思う。そして、この上なく幸福な気分に満たされる。単純かもしれないが、人が何と言おうと、構わない。

錦之助の映画を観ていると、私は相当感情移入しているようだ。自覚症状もある。錦之助が、いや正確には錦之助の演じる主人公が、悲しい気持ちになると私もなぜか悲しくなる。錦之助が怒れば、私も怒りたくなる。彼が女性に恋すれば……、私もおおむねその女性が好きになるといった具合である。おおむねと言うのは、相手役の女優によっては私が好きになれない例外もあるといった意味である。のっけから話がそれてしまった。錦之助の笑顔についての話だった。

たとえば、『一心太助　天下の一大事』のラスト。箱根かどこかの峠の頂だったと思う。日本晴れの空の下で、錦之助の将軍家光が、湯治に行く月形の彦左衛門と太助（これまた錦之助）を前にして、「じいを頼むぞ」みたいなセリフを言って、にっこり笑った表情が格別だった。

『殿さま弥次喜多』（第三作）で、最後に殿様に戻った錦之助が将軍職を賀津雄に譲って駕籠に乗ってお国へ帰る時、錦之助の顔のアップが映し出されるが、あの時の「これでいいのだ」と納得して微笑む表情も抜群に素晴らしかった。『暴れん坊兄弟』で錦之助の名君がラストで家来の東千代之介をねぎらう時の愛情のこもったにこやかな表情も何とも言えず良く、この映画では友情出演のため錦之助の出番は少ないが、それでも殿様役の錦之助の印象は鮮やかだった。

錦之助のこうした表情をどう言い表したら良いのだろうか。名君の慈愛に満ちた表情と言っただけでは、物足りない。錦之助は映画館に集まった観客みんなに向かって微笑みかけているとしか思えないのだ。舞台なら、「千両役者！」「日本一！」と声のかかるところだろうが、錦之助は派手なアクションをして見栄を切るわけではない。映画の大画面に映る明るい顔のアップだけで、観客をうっとりさせ、この上なく幸せな気持ちにさせてくれる。ちっともわざとらしくない、心暖まる笑顔である。スターの魅力と片付けてしまうのではもったいない。数あるスターの中でも錦之助の魅力は特別で、私は他のスターからは胸いっぱいに広がるああした幸福感を得られない。観ているわれわれを（決して私だけではあるまい）幸せいっぱいな気持ちにしてくれる錦之助というスターは稀有な存在なのだ。

若き名君を演じさせたら、錦之助の右に出る役者は絶対にいないと思う。気品、愛情の豊かさ、人徳、素養、すべての点で錦之助の殿様はパーフェクトである。この名君の錦之助がニコッと笑みを浮かべると、しもじもの者はまるで仏様の笑顔を拝んだような気持ちになるのかもしれない。

旅人やくざに扮した錦之助の笑顔も素晴らしい。私は『浅間の暴れん坊』の錦之助が好きなのだが、あの映画のラストシーンは妙に印象に残っていて、頭から離れない。錦之助はやくざの足を洗い、かたぎになって戻ってくるつもりで、故郷の母親（夏川静江）の元に許婚の恋人（丘さとみ）と長脇差を置いて、黙って旅に出て去っていこうとする。それを知った母親がその脇差を小脇にかかえ、許婚といっしょに懸命に追いかけて行くのだが、途中で息を切らしてしまう。もう追いつけないというところで、錦之助が二人の方を振り向き、破顔一笑。何も言葉をかけないが、「きっと戻ってくるから、安心して待っていておくれよ」と愛情のこもった笑顔をこちらに投げかけて映画は終わる。この錦之助の表情が惚れ惚れするほど良かった。

『独眼竜政宗』のラストシーンも絶品だった。白馬にまたがって凱旋する錦之助の若き伊達政宗が、追いすがる佐久間良子を肩越しに見て、「そなたの愛情は一生忘れぬ」といった笑顔で応えるのだ。このラストシーンを見ると、いつも私は胸がじーんとしてしまう。ハッピーエンドではないが、凛々しく男らしい錦之助の最高の笑顔の一つだった。（背寒）

――「錦之助ざんまい」（平成20年1月3日）を一部改稿

インタビュー&トーク（横浜編）

江原真二郎・中原ひとみ夫妻に聞く

平成31年3月8日（金）
横浜市磯子のヴィレッジ・カフェにて
聞き手　藤井秀男

――では、よろしくお願いします。実は、私、錦之助さんだけではなく、内田吐夢監督の研究もしております。きょうはその辺のところもお聞きしたいと思っています。

中原　私、吐夢さんの映画は、『森と湖のまつり』（昭和33年11月公開）と、それから……、東映京都でも出ましたよね。

――はい、『黒田騒動』（昭和31年1月公開）。

中原　そう、『黒田騒動』。

――江原さんは、『逆襲獄門砦』（昭和31年6月）と東映東京作品の『どたんば』（昭和32年11月）。『どたんば』では主演なさいましたね。それからずっとあとに、『宮本武蔵』の第二部『般若坂の決斗』（昭和37年11月）から吉岡清十郎の役で第四部まで出演されましたね。

江原　はい、そうです。

中原　内田吐夢先生は、陶芸をやってらして、あたしたちが結婚した時に、こんな大きなお皿をいただきました。今、価値が出てるんじゃないかと思いますけど。

――吐夢さん自身が作られたものをですか？

中原　ええ、ご自分でお作りになったものを、結婚祝いに。

――結婚なさったのは、東京オリンピックの前でしたね。

中原　そうです。

――えーと、六十何年でしたか？

中原　何年だろ？　24歳でしたから……。

――（メモ帳を見て）１９６０年（昭和35年）４月18日ですね。

中原　あっ、そうです。

――では、まだ吐夢さんが錦之助さん主演で『宮本武蔵』（昭和36年５月）を作る前ですね。

中原　『武蔵』はもっとあとでしたね。でも、『森と湖のまつり』は撮ってましたよね。

――はい。

中原　その前に『黒田騒動』に出て、２本しか、吐夢

結婚記念写真

さんの映画には出てないんです。それでも、すごく立派なお皿をくださったんです。

――結婚式は東京でなさったんですか。

中原　結婚式はね、目白の椿山荘。あんまり派手にするのはイヤだって江原が言うんで、会費制でやったんですよ。スタッフの人たちとか、仲良かった人たちも来られるように。

――椿山荘だったらそれなりに豪華なのでは？

中原　でも、あそこは東映関係でよく使っていたから、安くしてもらって。会費が５００円。

――５００円ですか。

中原　ええ、あの当時ね、５００円で。

――京都の方も出席されたんですか。

中原　いえ、主に東京の撮影所の人たちだけで。

江原　仲人が大川博社長でね。東映関係の人たちも来ましたよ。

――えーと、お二人が初めて出会われたのは、共演された『米』（昭和32年３月、今井正監督）の時ですか。

中原　ええ、『米』の時ですね。

江原　ぼくはそのずっと前に、見たことがあったんです。彼女が京都（撮影所）に来た時、（背を伸ばして眺めるポー

ズをして）遠くから、野次馬でね。
――中原さんはもうスターでしたからね。
江原　ぼくはまだ京都の大部屋にいた頃です。
――で、『米』で初めて共演されて、その時にはもう好き同士になられたんですか。
中原　いえ、その時はまだ。
――『純愛物語』（昭和32年10月、今井正監督）の時ですか。
中原　いいえ、もっとあと。
――そうすると、『裸の太陽』（昭和33年10月、家城巳代治監督）の時？
中原　『裸の太陽』でもないですね。『素晴らしき娘たち』（昭和34年６月、家城巳代治監督）の時かな。
――その映画、私は見てませんが、女工員たちの話ですよね。江原さんはどういう役だったんですか。
中原　男の工員の一人。『素晴らしき娘たち』の前に『今は名もない男だが』（昭和33年10月、村山新治監督）という映画があって、その時はもう仲良くなっていたかもしれません。
――そうですか。とすると、昭和33、34年ですかね。結婚する一年くらい前ですね。
中原　そうですね。わりと早かったんですよ、仲良くなって結婚するまでが。
江原　ほんとは結婚しようとは思ってなかったんだよ。
中原　（笑いながら）そんなにすぐ結婚しようとは思ってなかったということね。結婚できたらいいなあくらいの感じで、何年か先に。
江原　千恵蔵先生がぼくらのこと知ってさ。「よし、わしが社長のとこ、行ってやろう」って、すぐ本社へ行って、「こいつら結婚させてやれ！」それで、決まっちゃったんだよ。（笑）
中原　週刊誌なんかそんなになかったたし、騒がれないまま……。なんかみんな賛成してくれて、早いほうがいいって、ワアーッと。あたしたち、ついて行くのが大変なくらいでした。
――映画で共演作が多かったからといって、撮影の後、デートとかする時間はないですよね。結婚なさる前にお二人で、デートしたり、食事したりしたことはよくあったのですか。
中原　そういうこと、あんまりなかったわね。グループ付き合いが多かったから。
江原　深作欣二とか、そんな連中が仲間だったんだ。
中原　ニューフェイスの時の仲間とか助監督たちと勉強

会やったり、登山に行ったりとか、そういうグループでみんなとワイワイやってました。

――話は戻りますけど、江原さんはもともと東映京都ですよね。昭和29年の春に撮影所に入って、初めは大部屋時代が一年ちょっとか一年半くらいありますよね。

江原　仕出しやったり、馬の世話したりしてた。それから、東映剣《つるぎ》会に入って、斬られ役なんかもやってました。

――調べてみますと、『水戸黄門漫遊記　幽霊城の佝僂《せむし》男』（昭和30年12月、伊賀山正徳監督）で名前が出るようになってから、昭和31年はずいぶんたくさんの時代劇に出演されてますね。それで、東映東京の現代劇『米』の主役に抜擢されてから、今度はずっと東京作品の現代劇ばかりで。一方、中原さんのほうは京都へもしょっちゅう行くようなって、時代劇が多くなるんですね。

中原　ええ、行ったり来たりで。

――東映全盛期の昭和32、33年はすごい数の映画に出演されてますね。

中原　今考えると怖いなあって思うんだけど、寝台車ですよ、夜行列車。寝台車、カーテンだけでしょ。それで、往復して、東京の仕事、京都の仕事って次から次にやってました。

――東映京都にいる女優さんたちは京都に住んでいるからいいですけど、中原さんは京都へ来ると、宿屋に泊まってたんですか。

中原　そうです。京都撮影所のすぐ近くに「高橋」という旅館があって、そこに泊まってたんだけど。最初に錦之助さんの映画に出た時は、まだ子どもだったし、ものすごく可愛がられて、仕事が終わると、錦之助さんに、さあ行こうって、連れて行かれたのね。毎日外出して、夜遅く帰るから、旅館の人、どう思ってたのかしら。それで、京都の人って、「はようお帰りやす」って言うじゃない。（笑）

――皮肉に聞こえるわけですね。

中原　どうやって帰って来たのかも、もう覚えてないんだけど。電車に乗って帰って来たのか、タクシーに乗って帰って来たのかも覚えてないんだけど、ほとんど毎日のように呼ばれて。で、断れないんですね。ワーッと連れて行かれて、錦之助さんのところでワイワイやったり、舞子さんや芸者さんのいるお座敷、そういうところへも連れて行かれました。

――錦之助さんには妹みたいに可愛がられていたんでしょ。

中原　そうです、そうです。

――錦之助さんの宴会はたいてい男ばかりだったと思いますが、中原さんの場合は特別ですね。女優さんをあっちこっち連れて行ったのも珍しいし、祇園まで一緒に行ったなんてことはまずなかったと思いますよ。

中原　子どもだったからでしょうね。で、ある日、錦之助さんのうちへ行ったら、東京からお母様がいらしていたんです。あたし、自分はお客さんだと思ってたんだけど、お客のほうはそっちのけで、「お母さん、お母さん」って感じなのね。それで、両方できちんと挨拶したりして、あたしたち親子とは全然違うのね。下町の親子の関係とは全然違うんで、びっくりしましたね。正座して「きょうはお疲れ様でした」とか。

――歌舞伎のしきたりでしょうね。

中原　そうだと思う。だからね、お母様とはあんまり親しく口をきいたことはなかったの。

――お父さんとかお兄さんも京都へ来てましたけど。

中原　そうでしたね。

――『源義経』（昭和30年7月、萩原遼監督）の時にはお父さんの時蔵さんも出演されて、錦之助さんはまだ宿屋住まいだったから、時蔵さんは違う旅館に泊まっていたと思いますが。

中原　弟の賀津雄ちゃんは錦之助さんと一緒にいましたけどね。

――賀津雄さんがまだ松竹にいた頃ですね。

中原　そう松竹に。そのあと東映へ移りましたけど。なにしろ錦之助さんにはすごく可愛がられました、バンビ、バンビって呼ばれて。

――中原さんの愛称ですね。『源義経』で錦ちゃんの相手役（うつぼ）に決まった時のことは覚えてらっしゃいますか？

中原　とっても嬉しかったけど、ただ京都へ行くのはちょっと不安でしたね。

――中原さんはスターになるのが早かったんですよね。東映東京ではもうスターでしたけど、現代劇ばかりで、京都の時代劇には一回も出ていませんでしたね。しかも錦之助さんの相手役に抜擢されたんで大変だったでしょ。当時錦ちゃんの相手役をやった女優さんは、千原しのぶ、高千穂ひづる、田代百合子さんの三人娘で、みんな錦ちゃんより少し年上だったし、星美智子さんは五つくらい上でした。まあ、美空ひばりさんだけが年下で。でも、ひばりさんはその頃は東映の女優じゃなかった。

昭和30年というと、まだ東映に若い女優が育っていない頃で、丘さとみ、大川恵子、桜町弘子の三人娘がまだ東映に入ってない頃です。東映東京から京都へ引っ張ってきた若手女優の一番手が中原さんだったんですね。そのあとに、三笠博子さんが京都へ来て、錦ちゃんの相手役をやりますが、三笠博子さんは中原さんよりも年上ですよね。

中原　あたしより三つか四つ上ですね。三笠さんとはずっと仲良しで、今でも時々会いますよ。

――えっ、そうですか。お元気ですか。

中原　ええ、元気。

――中原さんは東映ニューフェイス第一期生で、三笠博子さんもそうで、男優では南原伸二（のち宏治に改名）、山本麟一さんがいますけど、中原さんが東映に入られたきっかけというのは？

中原　新聞の広告にニューフェイス募集というのが出てたんですよ。たまたまそれを見て、芸能界でやってみようかなあって思って。

――じゃあ、自分から。

中原　ええ、自分から応募したんです。願書の写真撮りに行って、自分で貼って出したの。で、さっきお名前が出た星美智子さん。星さんが審査員だったのね。あたし、17歳だったんだけど、18歳から24歳までという規定があったのに、出したんです。そしたら、一次が受かって、面接になって、その時、審査員に星美智子さんがいらしたんです。

――えっ、星美智子さんが？

中原　ええ。映画女優っていうのは、その頃、美人で、日本的な美人が当たり前だったでしょ。あたしみたいな顔してるの、あんまり……。ファニー・フェイスとか言って、あとで東宝の団令子さんとかが出てきたけど。でも、すごく面白いって、星さんが推薦してくれて、それで受かったんです。

――ほんとうですか。

中原　ホント、ホント。星さん、覚えてると思うわよ。

――今度、星さんに訊いてみます。ということは、三笠博子さんも、男優では南原さんとかも、星さんの意見が反映してるわけですかね。

中原　ほかの方は知りませんが、あたしは、それで受かったって話をのちのち聞きました。

――東映の第一期ニューフェイスの合格発表は昭和28年11月なんですね。

中原　17歳でしたから、そうですね。

――高校は共立女子でしたね。
中原　ええ、でも２年で中退しちゃったのね。で、演技学校みたいなところにちょっと行ったりして。それまでは、美容師になりたいなとか、デザイナーになりたいなとかいろいろな夢はあったんですけど……。小学校の受け持ちの先生が音楽の先生で、すごく芸事が好きで、その先生の影響で。先生がよく何人かを映画へ連れてってくれたのね。そういうわけで、子どもの頃から映画に興味を持っていたのね。
――映画って、どんな映画を見ていたんですか。
中原　松竹の日本映画ね。浅草の松竹座というとこへよく行って。今、ビューホテルがあるところ、あそこが映画館だったの。映画だけでなくレビューもやってました。
――東映の映画は？
中原　東映の映画はあんまり知らなかったです、その当時は。
――中原さんが東映に入られた昭和28年11月には、まだ錦之助さんが映画デビューしていなくて、歌舞伎をやってる頃ですね。千代之介さんも入っていないし、橋蔵さんはもっとあとですね。
中原　早いんですよ、あたし。高倉健さんが入った第二期（東映ニューフェイス）は、一年以上経ってからだったと思いますけど……。だから、健さんは、あたし、憧れてたんだけど、こっちが先輩だから、「センパイ！」って呼ぶんです。（笑）
――年はずいぶん違いますけどね。
中原　年、関係なく。会うとそうなっちゃうから、なんだかがっかりして。
――ニューフェイスで入ると俳優座で研修期間が半年くらいあったのでは？
中原　３ヶ月が俳優養成所。人によって、それからもいろいろあって。あたしの場合は、『魚河岸の石松』（シリーズ第五作『続続続続　魚河岸の石松　女海賊と戦う』昭和29年４月公開、小石栄一監督）で抜擢されて、すぐにデビューしたんです。
――仕出しみたいなことはやりましたか。
中原　仕出しはあんまりなかったわね。
――その『魚河岸の石松』は見ていませんが、名前もちゃんと中原ひとみで出ていたんですか。
中原　ええ、そうです。監督の小石栄一さんが芸名を考えてくれたの。「中原」はそのままで、目が大きいっていうので、「ひとみ」にしようって。

——中原は本名だったんですか。

中原　結婚する前の旧姓が中原。

——「キネマ旬報」の俳優事典では「中里」になっていました。名前のほうは里子さんですよね。中里里子で「里」の字が重なるので、おかしなあと思っていました。

中原　間違えてるのね。

——映画人のデータはけっこう間違いが多いんですよ。

中原　うちなんか、名字が「土家《つちや》」って言うんだけど、「家」という字を書くのに、屋根の「屋」に必ずされちゃうのよ。

——「家」って書くのはめずらしいですね。

中原　そうなの。「土家」の「や」は「家」ですって、いつも最初に断らなければいけないの、通販で買うのでもなんでも。一番ひどいのは、息子がＮＨＫに出た時、タイトルで字が違ってましたから。

江原　コンピューターでやるからなあ。変換するとそうなってしまうんだよ。

——そうですね。

中原　まあ、それで、デビューしてから、ちょこちょこ映画に出て、いろいろあったけど、独立プロから声がかかったのね。『姉妹』（昭和30年４月）って映画。

——野添、中原の「ひとみ」コンビの映画ですね。

中原　そうです。家城巳代治監督の。

——この映画で一躍注目されたんですね。何かで読んだんですが、家城監督が少女雑誌でモデルになった中原さんの写真を見て、決めたという？

中原　ええ、よく知ってるわね。それで、その時は東映が反対しないで、出ていいって言ったのよ。

——まだ五社協定が厳しくなかったんでしょうね。

中原　その頃はまだ。あたし、東宝にも出たことがあるんですよ。知らないでしょ。『くちづけ』（昭和30年９月）ってオムニバス映画。

——見たことはありませんが、一応調べてきました。石坂洋次郎の短編が原作で、３話から成る映画ですよね。

中原　そう、あたし、その中の『霧の中の少女』に出たのね、東宝に借りられて。司葉子さんがデビュー間もない頃じゃないかなあ。司さんの妹役でした。

——そうですか。『霧の中の少女』は第２話ですね。１話が『くちづけ』で、それが映画のタイトルになっていますね。３話が『女同士』。監督はそれぞれ違う人がして。

中原　あたしは、たしか鈴木さんでした。

——鈴木英夫監督ですか。

中原　えーと、そうだと思うけど。

――箕正典、鈴木英夫、成瀬己喜男の三人だったと思いますが。
中原　それから、日活が出てきて、誘われたの。
――それが問題ですね。日活による引き抜き事件で、中原さんが日活と契約して、破棄したという……。
中原　そうそう。
――『源義経』に出たその年の終わりですから、昭和30年の暮れですね。日活はギャラも良かったそうですね。
中原　お金のことは知らないけど、具体的にいろいろな作品を出されたわけ。東映ではそういうの全然やらないから、そこにちょっと魅力を感じたのね。もう成人になってるし、自分で決めてもいいと思って契約しちゃったの。
――ニューフェイスをお金をかけて、研修もしたりして、ようやくデビューさせて、他社が引き抜くというのは問題があったんでしょうね。中原さんのそれがあったんで、ニューフェイスの縛りがきつくなったようですね。中原さんの場合、２年の契約が切れるというので、日活と契約を結んだら、ひっかかった。五社協定があって、発動されたんですね。
江原　五社協定というのは厳しかったんだよな。
――だんだん厳しくなっていったんですね。で、あとになって、映画が斜陽になったら、そうでもなくなった。
中原　東映に戻ったらギャラを上げるとかなんとかいろいろ言われたけど、一銭もそんなの変わらなかった。反対に、もめてた時のお給料は、もらうとおかしいから返したの。で、戻ったら、その給料、だれかがネコババしちゃったのよ。（笑）一か月分もらわなかったの覚えてます。
――ニューフェイスで入った人たちの給料は安いまま、ずっと変わらなかったそうですね。
中原　お給料、６０００円くらいでした。
――高倉健さんもずっと安かったとか。錦之助さんがそれを見て、ケタが全然違うんで、びっくりして、健さんに、社長に掛け合えって言って、それでやっと上がったらしいですね。
江原　ぼくも安かったなあ。東京に来てからずっと寮に入ってたんだ。撮影所のすぐ前にあった東映寮。あの頃、山口洋子とかみんな、ニューフェイスの人は寮にいたんだ。女の子は女子寮だった。
中原　でもね、東映ってすごいケチなんだけど、二人で結婚して、土地が買いたいって言ったら、ギャラが安いから買えるわけないでしょ、そしたら二人に前払いみたいに200万ずつ貸してくれたの。出演料から少しずつ返すようにして、それで土地が買えたんですよ。

――でも、それ、縛りなんです。映画会社がスター俳優を逃さない手口だと思いますが。（笑）

函館の牧場で（昭和32年12月）、錦之助、中原、北大路欣也、高倉健

中原　そうかしらね。健さんなんかも、ギャラ上げないから、うんと借りたって言ってましたね。たくさん借りて、返すためには、仕事くれるから。そういうやり方をしたって。
――そうですか。
中原　でも、400万で買った土地が、今ではずいぶん高くなりましたが。
――それ、石神井の、前にいらしたところですか。
中原　ええ、ずっといたんです。
江原　所長の車に乗って、あちこち回って、土地探したんですよ。
――所長って山崎真一郎さんですか。
中原　そう、山崎さん。ここがいいってところが見つかると、地主さんに掛け合って。そういう方法だったの。
――大泉の撮影所に近い練馬あたりですか。
中原　そう、それで石神井になっちゃったのね。
江原　自転車でも通えるから。
――当時の練馬というと、開けてなかったでしょうね。
江原　家買って、初めの頃は水道もなかった。で、覚えてるのは、ぼくが京都から初めて東京へ来た時、東京駅から宣伝部の原さんという人に連れられて、車でどんどんどんどん行ったんだけど、遠くてなかなか撮影所に着かなくて、「こいつ、オレを誘拐するんじゃないか」と思ったくらい田舎だった。
――練馬大根って言ったくらいですから、畑が多かったでしょ。

江原　もう畑だらけ。撮影所の近くには店屋もなかった。
――食べ物屋や飲み屋も近くになかったみたいですね。
江原　千恵蔵御大といっしょの時は、撮影所と大泉の駅の中間にある鰻屋へ、そこばっかり行ってました。
――京都みたいな俳優会館は大泉撮影所にありましたか。
江原　俳優部屋はありました。ぼくが行った時には。
――中原さんは上野の実家から通っていたんですか。
中原　どうやって通ってたのかしら。忘れちゃった。山手線で上野から池袋へ出て、西武線で大泉へ行って、駅からずっと歩いて行ってたと思うけど。タクシーなんか乗れる時代じゃなかったし。
――一時間くらいはかかったでしょうね。朝早い時なんか大変だったのでは。
中原　でも、ちゃんとやってましたね。もう覚えてないですね、その頃のこと。これ、錦之助さんに関係する話なんだけど、あたしが有馬稲子さんと共演した『白い崖』（昭和35年4月、今井正監督）の時ね、朝早く行って待ってたら、急に撮影中止になったことがあったんです。デートで。
――ホントですか。
中原　多分。その時、お二人がまだ恋愛時代で、朝、あたしたち一生懸命待ってたのに、中止。
――『白い崖』は『浪花の恋の物語』の後に撮った映画で、有馬さんが盲腸になって、なかなか出られなかった作品だそうです。二人が共演して恋愛関係になった『浪花の恋』の時は、夜ドライブへ行ったまま、翌日になっても行方知らずで、撮影ができなかったという話は聞いたことがありますが。宴会で飲み過ぎて、二日酔いで朝の撮影が中止になったというのはよくあったみたいですね。
江原　ぼくもね、先斗町かなんかで錦之助さんと遅くまで飲んでて、「明日朝８時ですよ」って言っても、「いや、まだまだ」って。それでずっと飲み続けて、そしたら、錦之助さんが「明日休み！」。
――それで、撮影中止ですか。
江原　うん、中止。
中原　今、そんなことしたら大変だわね。
――中原さんは『海の若人』（昭和30年４月、瑞穂春海監督）で錦之助さんの映画に初めて出たんですけど、覚えてますか。
中原　全然覚えてない。
――錦之助さんが東映東京で撮った最初の現代劇で、中原さんが錦之助さんと同じシーンに初めて出た映画なんです。

中原　映画に出たっていうのだけは覚えてるけど。『源義経』の前かしら？

――『海の若人』は昭和30年の春で、『源義経』は同じ年の夏前です。錦之助さんは、『海の若人』の中原さんを見て、『義経』の相手役に推薦したと思うんです。

中原　そうですか。

――ところで、中原さんの芸名のことは今お聞きしましたが、江原さんの芸名はどういう風に？

江原　大部屋時代、ぼくは本名の土家基定《もとさだ》だったんですよ。メークしてたら、プロデューサーの玉木（潤一郎）さんが来て、紙を出して、「おまえ、どの名前がいい？」って。いくつか名前が書いてあって、ぼくは、メークで忙しいから、「右端のでいいです」「じゃあ、あしたからこの名前になるよ」それで江原真二郎になったんだ。

――それ、『水戸黄門漫遊記』の時ですか。

江原　そう。その役をやる人が急に病気になって、ぼくは代役だった。それで、芸名を付けることになって、五つくらい紙に書いてあったかな。花房錦一もあったよ。ひばりちゃんの弟がもらった名前。ぼくはあんまり見ないで、「一番右」って言ったんだ。玉木さんって、小柄で、土建屋のおっさんみたいで、面白い人だった。

――松田定次監督の『剣豪二刀流』（昭和31年３月）という映画は覚えていますか？「それからの武蔵」が原作の映画ですけど。

江原　覚えてます。あの時は、加東大介さんがね、ラッシュ見て、「こいつ、足の運びがいいなあ」って、褒めてくれた。足元しか映ってないんだけど、「あっ、オレだ」って分かって、嬉しかった。

――立回りの時ですかね。どんな役だったんですか。

江原　えーと、千恵蔵御大が武蔵で、その弟子の役だった、何人かいるうちの。

――この映画、江原さんと中原さんのお二人が同じ映画に出た最初の作品なんですけど。中原さんは出たの覚えてますか。

中原　覚えてない。松田監督の映画には何回か出たけど。

江原　彼女が出てたの、ぼくも知らなかった。

――千恵蔵さんの映画には、江原さん、それからずいぶんたくさん出ましたね。

江原　ぼくは千恵蔵一家だと思われてた。でも、右太衛門さんから一回話が来たんだ。欣也ちゃんのデビュー作で『父子鷹《おやこ》』（昭和31年５月、松田定次監督）。欣也ちゃんがやった少年時代の勝海舟の叔父さんの役で、男谷精一郎。剣術の道場の先生。

――いい役じゃないですか。

江原　役はいいんですよ。でも、ワン・シーンだけ。

――江原さんはやっぱり千恵蔵さんの映画に出るほうがずっと多かったようですね。京都の時代劇に出て、千恵蔵さんが東京に来て現代劇やると、それにも出るという感じで。千恵蔵さんに可愛がられていたんですね。

江原　麻雀のお相手、ずいぶんしたんだ。東映寮に千恵蔵御大のお弟子さんも来て、さしで麻雀教わった。御大が東京へ来ると、撮影所の前に宿舎みたいのがあって、そこへ呼ばれた。麻雀、昼間は撮影待ちの間にやるんだけど、監督の小沢（茂弘）さんが来るんだよ。「先生、そろそろ出番ですよ」すると御大が、「おお、もう出んのか」「はい」「あと20分待て」と言われて、監督が正座してじーっと待ってる。「先生、もう振り込んで終わりにしましょう」「いや、もう少しだ」だからロケーションなんか行っても、ぼくは自分の部屋に行ったことがなかった。先生の部屋に朝までずーっといたっきりで、麻雀。温泉なのに、温泉も入らないで。

――面子《めんつ》は進藤英太郎さんとか。

江原　進藤さん、それと徳大寺伸さん。進藤さんは、御大とこでやってて、夜遅く帰ったら、間違えて千葉のほうへ行っちゃったことがあった。家と全然違う方向。（笑）

――錦之助さんの映画の話ですが、『悲恋おかる勘平』（昭和31年４月、佐々木康監督）という映画は覚えていますか。

江原　うーん、覚えてないな。

――江原さんが浅野内匠頭の役だった。でも、ちょっとしか出てません。

江原　そうですか。

――それから、ずっと錦之助さんの映画に出ることがなくて、『宮本武蔵　般若坂の決斗』から吉岡清十郎の役で出演されました。でも、錦之助武蔵と吉岡清十郎が会うというのはないんですね。第三部の『二刀流開眼』のラストで決闘する時に初めて会うんだけど、清十郎は一発でやられてしまう。

江原　気がつくと、武蔵は後ろ姿で、すぐに消えちゃうんだ。この間、テレビで久しぶりに見たんだけど、内田吐夢さんが実に良く撮ってくれましたね。

――『二刀流開眼』は吉岡清十郎が準主役ですからね。

江原　打ち上げの時、錦之助さんとか健さんとかみんないる部屋で、「お疲れ様でした」って言って、ぼくが台本破って捨てようとしたら、そこへ吐夢さんが入って来て、びっくりした。（笑）　あとで「江原さんらしいなあ」ってみんなから言われた。

――吐夢監督の『逆襲獄門砦』（昭和31年６月）は覚えてますか？　千恵蔵さん主演の映画ですけど、江原さんが初めて吐夢さんの映画に出た……。

江原　覚えてます。材木かついで運んでいる時、吐夢さんが来て、「しっかりやれ。ぼくはソ連に連れて行かれた時、毎日これやってたんだよ」って言って。「こんちきしょう」と思って、やったなあ。『どたんば』では、毎日、水に浸かって、大変だった。

――『どたんば』は炭坑で生き埋めにされる話で凄い映画でした。それに江原さん、主役ですからね。『米』『純愛物語』と今井正作品が続いて、そのあとでしたけど。内田吐夢監督は『黒田騒動』で中原さんを使って、その後、現代劇の『森と湖のまつり』でまた中原さんをいい役で使いましたね。

中原　あれはロケが北海道で、一人で列車に乗って北海道まで行って、大変でした。ほんとになんにもないところで。パチンコ屋さんくらいしか遊ぶところがなくて、みんなパチンコに行ってました。あたしは行かなかったけど。

――吐夢監督の映画に江原さんと中原さんが一緒に出たことはなかったですね。

中原　ないですね。偶然だと思うけど。役がなかったとかじゃないかしら。

東映会館の開館パーティで（昭和 35 年 9 月）
江原真二郎、錦之助、高倉健

――お二人が共演した名作と言えば、やっぱり『純愛物語』ですね。あれは大変いい映画で、ぼくは『米』よりも好きなんです。

江原　水木（洋子）さんがホン（脚本）を書いてね。今井監督から「少し役者らしくなったね」って言われた。

中原　今井先生は同じ人を主役で何回も使うことがなかったのね。でも江原だけはずいぶん使っていただいたんです、続けて。

江原　ぼくも、今井監督は二度使わないって、そんな話を聞いてたから、監督が撮影所に来てる時に、「先生、主役、いい人見つかりましたか」って尋ねたんだ。「見つからないいんだ。君、だれか知らないか？」「知りませんよ」「京都からだれか連れてきてくれよ」「はあ」

中原　演技課の上にある研修室でオーディションやってた時ね、『純愛物語』の。

江原　ぼくは、この前『米』に出たから、続けて出られるとは思ってなかった。その二週間後くらいに、東映で試写があった。『地獄岬の復讐』（昭和32年4月、小林恒夫監督、片岡千恵蔵主演、東映東京のカラー・シネマスコープ第一作）。ぼくがトランペット吹いいてて。今井監督がこれを見て、「こういう役もあいつできるんだ」っ

『純愛物語』の撮影現場で（昭和32年6月）
前列：江原真二郎、中原ひとみ、今井正、本田延三郎

て言ったらしい。プロデューサーの本田（延三郎）さんが飛んで来て、「江原くん、今度のは歴史に残る作品だから、ぜひ出てくれ」「えっ、出るんですか！」 それで出たんです。

――そうだったですか。中原さんも『米』『純愛物語』続けてですよね。半年の間に今井作品が２本。『米』は相当長くかかったそうですが、『純愛物語』は？

中原 そんなに長くなかったですね。『米』の時は、田植えから何から全部教わって、それから始まったんだから長くて大変でした。

江原 そのあと、『あれは港の灯だ』（昭和36年２月）だけど、あれも全然決まってなかった。

中原 あの映画は、結婚したあとですね。

江原 またオーディションやってたんだ。「先生、決まりましたか？」「まだだ。おまえ、探してこい」「はあ」で、ぎりぎりになって、監督から電話が来て、「やっぱり、おまえ、やってくれないか」

――今井監督の東映作品では、その間にさっき話に出た『白い崖』があって、『白い崖』には江原さんが出てなくて、中原さんが出てますね。

江原 『白い崖』の時は、家城監督の『秘密』（昭和35年４月）に出てたんです。同時進行で。

中原 話戻るけど、『裸の太陽』で、あたし、ほんとは丘さんの役やりたかったんです。でも、ベルリン映画祭で『純愛物語』を持って行くっていうんで、ベルリン行くことになって、妹の役やったんです。

江原 あの映画は、勉強なりましたよ、役作りの上で。自分で、主人公の生まれた年から、どういう環境にいたのかまで全部調べて、いろいろ考えたことをレポートに提出して、それを家城監督がピックアップしたんです。おのずから人間ができてくる。そういうやり方もあるんだなと、ためになりました。

――今井正、家城巳代治の二人の監督は、ほかの監督とは違いますか、演出の仕方なんかが。

中原 違いましたね。

――東映京都の監督とも全然違いますかね。

中原 ええ、違います。

――今井監督は、俳優に何度も同じところをやらせて、なかなかオーケーを出さないので、錦之助さんは嫌いだったみたいですね。錦之助さんは、演技プランを練ってきて本番一発で決める役者ですから。

中原 でもね、『純愛物語』の時は、そういう噂を聞いていたから大変だと思ってたら、どれも一回くらいでスラスラスラと行っちゃうんですよ。先生、妥協してるんじゃないかと思って、「カット！」と言うたびに、先生の方、振り返って見るの。そしたら、「バンビ、一回でオーケーになるほうがいいんだよ」って。だからね、噂と違うなと、その時思いましたね。

――中原さんは、イメージにぴったり合ってたんでしょうね。しごかれる人はすごいから。それに途中でやめさせる人だってあるんですから。『あれが港の灯だ』の時、星美智子さんなんか、岸田今日子さんに代えられたそうですからね。

江原　ぼくが相手してたんだよ。ベッドシーンでぽかぽか暖かいから、「うー」って眠くなってたら、監督が「寝てていいよ」って。（笑）　監督と星さんとぼくの三人だけで稽古していて、キャメラマンも全部いないんだ。

――岸田さんになってからは早かったんですか。

江原　早かった。一日で終わっちゃった。

――星さんはイメージに合わなかったんでしょうね。

江原　そうだろうね。

中原　でも、一回だけあるの。『米』の時に、友達が待ってて、ひと言だけのカットだったから、「ちょっと待って、すぐ終わるから」って待たせて、やったら、それ見透かされたのね。なかなか終わらないのよ。

――意地悪したのかなあ。

中原　やっぱり、心ここにあらずということ見抜かれたのね、きっと。それと、これ、ちょっと自慢話なんだけど、『純愛物語』で、原爆症のあたしが死ぬ前に、鼻から血が出るシーンがあって、みんなどうしようどうしようって困ってたのね。あそこ、あたしが考えたのよ。

――えっ、どうやって？

中原　小さなゴムのスポイトに血のりを入れて、それを鼻の穴に入れておいて、こう顔を上に向けてから傾ければ、流れるんじゃないかって言ってあげたの。そして、その通りやったら本番一回でオーケー。

――今井監督に褒められましたか。

中原　褒められました。

――今井さんっていうのは、ユーモアもあって、普段は面白い人なんですよね。

中原　そうです。で、あたしたち、お中元とかお歳暮の時、そういうの知らなくて、なんにもしてなかったの。「バンビ、そういうのしない方がいいのよ」なんて人に言われて。で、どうしてもご一緒に仕事してる間は、なんか感謝の気持ちより下心があるみたいにとられるんじゃないかと思ったりして、やらなかったの。でも、仕事しなくなってからずいぶん贈り物しました。年中お電話して、先生のお好きなもの訊いて、贈り物したの。「しなくてもいいのに」っておっしゃってたけど。だから、あたし、今井先生の死に目にも……。奥様からお電話があって、危篤だからとお聞ききして、遠い病院まで自分で車運転して行って、最期にもお目にかかったんです。

——江原さんは、今井監督のあとの方の作品にもずっと出てますね。

江原　大映のにも、松竹のにも出ました。

——『武士道残酷物語』（昭和38年4月）は今井監督が錦之助さん主演で撮った東映京都の時代劇ですが、江原さんはコワい残虐な殿様でしたね。

江原　錦之助さんの手の甲に刀を突き刺す時、なかなか血が出てこなくて、何回やっても出てこないで、最後にねじったら出た。それは覚えてます。

——人工の手ですね。

江原　うん。それと、奥さんの有馬さんが差し入れ持ってきたのも覚えてる。

——そのあとの今井、錦之助作品の『仇討』（昭和39年11月）には出演しませんでしたね。

江原　『仇討』には出なかった。出なかったんだけど、山本薩夫監督があれ見て、ぼくに、「君、良かったよー」って。だれかと間違えて。

——田村高広さんかなあ。

江原　山本薩夫監督のことだけど、ほんとに監督っていうのは人によって違うんです。山本監督は、なんにも言わなくって、大雑把だった。肝心なとこだけ、バーンと言う。

——『にっぽん泥棒物語』（昭和40年5月）に出演されてましたね。

江原　出てました。『戦争と人間』（三部作）も、日活の。

——中原さんは山本薩夫監督作品には？

中原　一回ぐらい出てる、現代劇に。（『雪崩』昭和31年3月、東映東京）

——錦之助さんの映画に話を戻しますけど、東映時代に江原さんが共演した作品と言えば、やっぱり沢島忠監督の『股旅三人やくざ』（昭和40年5月）でしょうかね。

江原　あれは、ぼくの方がすごくいい役だった。錦之助さんはパッとしないやくざの役だった。で、今でも覚えているのは、あの役、錦之助さんがぼくを指名したんだよ。リチャード・ウィドマークか江原真二郎しかいないって言われてね。

――リチャード・ウィドマークですか、アメリカの俳優の？

江原　はい。錦之助さん、なんか映画で見たんだろうね。

――若い頃、カーク・ダグラスが好きだったことは知ってますが。

江原　もしかすると、ウィドマークも好きだったかもしれない。

――中原さんは、錦之助さんとの共演作と言えば、『源義経』のあとは、なんと言っても沢島監督の『江戸の名物男　一心太助』（昭和33年２月）ですね。お仲ってとてもいい役ですが、あの役はどういうことで話が来たんですか。

中原　全然そういうの覚えてない。

――『一心太助』シリーズの３本が中原さんのお仲ですけど、最初はズーズー弁で、それを直すわけですが。

中原　内容はもう忘れちゃったけど、だだね、動きをいろいろ付けられたのは覚えてます。リアルに考えたら、そういうのあり得ないっていうような仕種をやらされましたね。難しかった。

――マキノ雅弘監督の作品では、最初が『おしどり駕篭』（昭和33年１月）。錦ちゃん、ひばりちゃん、賀津雄さん、それに中原さんが加わって。

中原　覚えてます。あたし、歌をうたって、明るくて楽しい映画でしたね。

――そのあと、マキノ、錦之助作品では『清水港の名物男　遠州森の石松』（昭和33年６月）に出演されて、中原さんは、志村喬さんの見受け山の鎌太郎の娘の役でしたが。

中原　覚えてない。

――あの中原さんは可愛くて、好きなんですけど。

中原　そうですか。嬉しいけど、覚えてない。

――困ったなあ。じゃあ、『紅顔無双流　剣は知っていた』（昭和33年９月、内出好吉監督）で、錦ちゃんに救われて、いっしょに馬に乗ったのは、覚えてますか。

中原　それは覚えてる、断片的だけど。

――『源義経』でも馬のシーンがありましたね。

中原　ええ、馬には結構縁があって、よく乗ったわね。練習しなかったけど、大丈夫でした。

――『瞼の母』（昭和37年１月、加藤泰監督）に出たのは覚えてますか。

中原　映画の方は覚えてないけど、歌舞伎座だったか舞台で錦之助さんの「瞼の母」に出たのは覚えてます。

――映画と同じ役ですかね。金町の半次郎というチンピラやくざの妹で「おぬい」という役ですか。

中原　錦之助さんの妹の役だったような気もしますけど。でも、錦之助さんって、ほんとに華のある役者で、大スターでしたね。人気もすごかった。あたしなんか、そばで見てて、すごいなあって、いつも思ってました。

江原　そうだな。いっしょにいると楽しくていい人だった。

――江原さん、中原さん、きょうは長い間ほんとにありがとうございました。

中原ひとみさん、江原真二郎さん

錦之助演技論　貴公子の悲哀

錦之助の浅野内匠頭は、「忠臣蔵」の戦後映画史上最高の内匠頭だと私は信じて疑わないが、愛惜の念が悲哀に変わり、さらに諦念に変わっていく心の推移の表わし方が実に秀逸だった。悲劇の名君は、こうやって演じるんだという手本みたいな演技だったと思う。『忠臣蔵』は、錦之助にとって重要な転機になった作品だった。

『反逆兒』は伊藤大輔監督の時代劇の戦後の傑作であるが、錦之助にとっても代表作の一本である。錦之助の信康は、激情的で、感情があふれ出る時もあるが、それが静まった時の悲哀に満ちた表情が印象的で私の頭に焼きついている。

『美男城』は、『忠臣蔵』の直後、『反逆兒』の二年前に作られた映画であるが、錦之助の御堂主馬之介は、役柄こそ違うが、『反逆兒』の三郎信康に通じるような演技をしていたと感じる。御堂主馬之介は、孤独感が強く、美剣士というより、むしろ憂愁の剣士であった。心に耐えがたい苦しみを抱え、愛情に飢えながらさまよっている。苦しみの原因は、父親への憎悪であり、許嫁の女性への断ちがたい恋慕の情だったが、父親を殺して自分も自害しようと決意するところから悲劇が始まる。錦之助は、主人公の複雑な心境やこうした心の葛藤を見事に表現していた。

これは、内匠頭、信康、主馬之介といった悲劇の主人公に共通して言えることだが、三つの役柄の特徴あるいは魅力は、「貴公子の悲哀」といったものである。

「悲哀」というのは、行き場のない愛情の屈折した表出であると私は思うのだが、注ぎたいと思う愛情を注げない時の孤独感や失望感が悲哀になって現れるのだと言えるだろう。別の見方をすれば、悲哀は、未練とか心残りとかいった生へ執着が薄れかかる寸前に生じる表情とも言えよう。内匠頭も信康も主馬之介も、エリートないしはエリート候補である。それに、まだ若い美青年である。ここが肝心で、悲劇性を一層高め、純度の濃いものにするわけである。「庶民の悲哀」や「やくざ者の悲哀」や「老人の悲哀」とは、質が違うのである。そして、「貴公子の悲哀」を素晴らしく表現できる俳優は、この頃の若い錦之助をおいて他にいなかったし、今後も現れないと私は思っている。

だいたい、「悲哀」を自然に表現できる俳優ですら、そうざらにはいない。渥美清はその一人だと思うが、彼は「庶民の悲哀」を表現できる俳優だったと言えよう。「貴公子の悲哀」と言えば、ある人たちは市川雷蔵を思い浮かべるかもしれないが、雷蔵は孤独感の方が強く出て、硬質で近寄りがたい冷たさを感じる。悲哀というより悲愴感が漂っている。それが雷蔵の魅力であり、「眠狂四郎」には彼のそうした魅力が存分に発揮されていたと思う。眠狂四郎は、ニヒルな剣士であり、ニヒルというのは生への執着がなく、非人間的な生き方をしている。だから、女に恋することもなく、平気で女を犯すし、女を殺すことさえある。

錦之助という俳優は感情表現が実に豊かで抜群にうまい。うまいというと何か技巧的な演技を思わせるが、そうではなく、役に成りきって、主人公の心の持ちようを、表情だけでなく、しぐさや身振りを含め、身体全体で現わすことができるということである。しかも錦之助は、主人公の微妙な感情やその心の揺れまでを表現しようと試み、また実際に表現できている。

さらに凄いと思うのは、こうした演技のコツを錦之助は二十四、五歳でマスターしたことである。舞台俳優や歌舞伎役者ならそうした人もいたかもしれないが、映画俳優では稀である。主演級のスターでは、錦之助一人だと思う。それに、映画は舞台とは違い、大画面に全身をさらけ出さなければならないし、顔のアップも多い。映画では、演技の稚拙さやわざとらしさがすぐ目に付いてしまう。若い頃の錦之助を観ていると、完全に役にはまって演じているので、主人公と錦之助が一体化して、区別が付かなくなってしまう。場面によっては、ややオーバーアクションだなと思うことはあるが、わざとらしさは感じない。錦之助が主人公の激しい感情を表現している時には観ているこちらも心を激しく揺さぶられ、錦之助が微笑や悲哀や恥じらいの表情を浮かべている時には、うっとりと見惚れてしまう。要するに、錦之助は強弱の感情の表現が天才的にうまいのである。（背寒）

――「錦之助ざんまい」（平成19年8月15日）を一部改稿

「錦之助映画祭り」トークショー（京都編）

中島貞夫監督 トークショー

平成21年6月9日（火） 京都シネマ
聞き手 藤井秀男

――みなさん、こんにちは。きょうは、祇園会館での聞き手に続いて、中島監督にメインゲストにいらしていただきました。中島監督には、京都で錦之助映画祭りを催す上で、大変お世話になりまして、去年の夏頃から、監督のお宅へ何度も電話をして、二度お目にかかって、場所のことなどいろいろ相談しました。お蔭様で実現できました。ありがとうございました。中島貞夫監督です。（拍手）

中島　きょうはようこそお出でくださいました。なにしろ藤井君は大変熱心な人で、私もこの錦之助映画祭りをぜひ成功させたいと思っております。まだ上映会は続きますので、みなさまもお力添えのほど、よろしくお願いします。（拍手）

――今上映した『ちいさこべ』のお話からお聞きしたいんですけど、中島監督は、クレジットタイトルにはお名前が出ていませんでしたが、助監督だったんですね、セカンドの？

中島　はい、そうです。実は、田坂監督と錦ちゃんの組み合わせはですね、この二年前に『親鸞』という映画がございまして、前後篇で、これも長い長い映画だったんですけれど、この時私は東映に入って二年目の年で、一年目の最後の頃から準備が始まりまして、この『親鸞』に一番下っ端の助監督でつきました。で、これがですね、終わったのが秋でございまして、およそ7か月から8か月かかりました。準備期間、仕上げまで入れてですね。当時の東映としてはだいたい一本の作品は、準備から封切るまで2か月くらいでした。それと比べますと、とんでもなく長いシャシンだったんです。その時、田坂さんと錦ちゃんの組み合わせに参加して、『ちいさこべ』は二人の組合せの二本目の作品でした。こちらも当時の映画にしては、とんでもなく長い映画で、実は終わった時に、田坂さんが会社と、どこを切るか切らないかで、もめにもめたのを記憶しております。そういう映画ですけれど、ご覧いただいたように、非常にイイ映画で、私も大好きな作品の一つであります。当時、この作品には子どもが結構大きな役割を果たしているということで、田坂さんに命じられまして、「きみは、子ども係になれ」と。(笑) というのは大半の子どもたちがですね、京都、関西ではなくて、東京の東映児童劇団におりまして、そっちから来るんですね。ですから、撮影所の近くの旅館に、団体で泊まり込んでいました。ぼくも撮影所の近くに住んでたんで、ともかく撮影が始まる前に、リハーサルって言ったらおかしいですけど、基本的なことを、子どもたちに教えておいてくれということで、まあよく、この子どもたちと付き合いました。あんまり子どもは得意じゃないんですけどね。(笑) でも、伊藤敏孝くん、子どものボスやってる、あの子なんかいい子でね、すっかりなついてくれて。そういったことの記憶がありますね。それと、この映画に関して言うと、当時ですね、私は、労働組合の書記長というのをやってまして (笑)、大変でしてね。撮影のこととそっちの仕事で、年中徹夜したのを記憶してます。

——では、この映画で、子どもたちの演出助手みたいのもやってらしたんですか。

中島　まあ、子ども係ですね。

——東京からの子どもたちはみんな泊りがけでやってたということですが、春休みとか、学校の休みの間ですか。

中島　いや、そうじゃないですね。当時は今ほどうるさくなかったんで。ですから長期にわたって京都の旅館に滞在してました。

——田坂監督と錦之助さんというのは、この頃、切っても切れない関係だったと思いますけど、田坂監督は錦之助さんが大変尊敬する監督なんですね。

中島　そうでしょうね。田坂さんが東映に来たのは、錦之助さんがどうしても田坂監督に撮ってほしいということでしたからね。そういう経緯があって、普通ですと監督の方がこういう役者使うとかを決めるんですが、この場合は、錦之助さんが田坂さんに惚れこんで、どうしても撮ってほしいと。それで最初に『親鸞』を撮って、そしてまたこれが二本目ということで。そういう意味では、普段でしたら東映では絶対に通らない企画が……。チャンバラ、ないですからね。そういう映画、つまり田坂さんの世界が作れたということでしょうね。

　で、これは、この作品の前の『親鸞』の時ですけどね。錦之助さんが完全に田坂さんにのめり込んだという出来事がございましてね。というのは、『親鸞』の頃、錦之助さん、ぼくらは「錦兄《に》ィ、錦兄ィ」って言ってるんですけど、ぼくよりちょっと年上で、錦之助兄《あに》ィという意味で、そう呼んでいたんですけど、よう酒を飲ましてもらいました、ほんとに。（笑）この前も祇園会館で有馬さんとその話になったんですけど、錦兄ィの調子が悪くても、よく街を練り歩いて飲んでたんです。で、ある時、明け方まで飲んでて、当日の撮影にこっちは助監督ですから朝早く行ってました。錦兄ィがなかなか来ないんですよね、ちょっと寝坊して。こっちもイライライラしてね。エライことになったな、と思ってたんですが、その日の撮影は、２００人ぐらいのお坊さんの僧堂のシーンで、２００人のエキストラさんたちがみんな待ってたんです。それでも錦兄ィはなかなか来ないんです。こっちは、セットと錦ちゃんの部屋を行ったり来たりしながら、早く来てくれと思ってた。一時間くらい遅れて、やっと来ました。それで錦兄ィがセットへ入った瞬間ですね。田坂さんが、「錦之助くん、ぼくはね、きみひとりより、ほかの大勢の人たちの方がよほど大切なんだよ」錦兄ィの顔からサーッと血の気が引いてね。それで、「さあ、始めましょう」って田坂さんが言って、撮影が始まったんです。そうしたら、翌日から、錦ちゃん、必ずスタッフがセットに入る前に、入ってるんですね、20分前ぐらいに。（笑）それ以来、錦之助さんは田坂さんにまったく頭が上がらなくなって。この映画のテーマもそうですよね。「君ひとりより、大勢の人の方が大切だ」という。この名言が見事に田坂さんの口から出て、錦ちゃんもあの瞬間から、もう田坂さんの前では、まったく頭が上がらないという、そういう関係になりましたね。

――中島監督の本を読みますと、田坂具隆監督を師と仰いでいる、と書いてありますが。

中島　はい、そうです。まァ、ほかにも師がおりましたけれど。

——田坂監督の映画というと、すごく倫理的な映画が多いじゃないですか。だけど、弟子の中島監督は、不道徳、(笑)と言ったら失礼ですが、全然違う映画を作られてますね。

中島 (苦笑いしながら)それはともかく、ぼくは、五年間、助監督をやってました。で、そのうちだいたい一年間は脚本を書いていました。その五年間のうち、今井正監督に一年間ついて、作品は1本半、で、マキノ雅弘監督に一年以上ついて、5、6本やってるんですね。それで、田坂具隆監督にも一年ほどついて、2本。沢島忠監督やほかの監督にもつきましたけど、ほとんどが錦之助さんのシャシンで、それで錦兄ィとお付き合いしてたんですね。そういう中で、田坂監督には、私が東映に入って、まだキャリアが浅い頃についたんですけど、田坂さんというのは、映画監督というより、そうですね、倫理学か哲学の大学の先生という感じで、しかも、広島で被爆されて原爆症だったんで、身体が悪かったんですが、いろんな意味で非常に誠実な方でした。身体が悪いから、夜の撮影はほとんどなくて、夜どうしても撮らなければならないシャシンはやりますけど、そうじゃない時は必ず夕方になると終わりになりまして、大変忙しい撮影所に入ったんですが、田坂組の助監督をやったお蔭で、夜に時間ができて、それでシナリオの勉強ができたんですね。それと、みなさんご覧になってどうお感じになったか知りませんけれど、田坂さんという監督は、撮影テクニックに実にたけた方なんです。ただ、「あっ、テクニック使ってる」と多分みなさんお分かりにならないように使ってるわけですね。で、私は、初めの頃、田坂作品ってこんなにテクニック使ってるんだと驚いたく

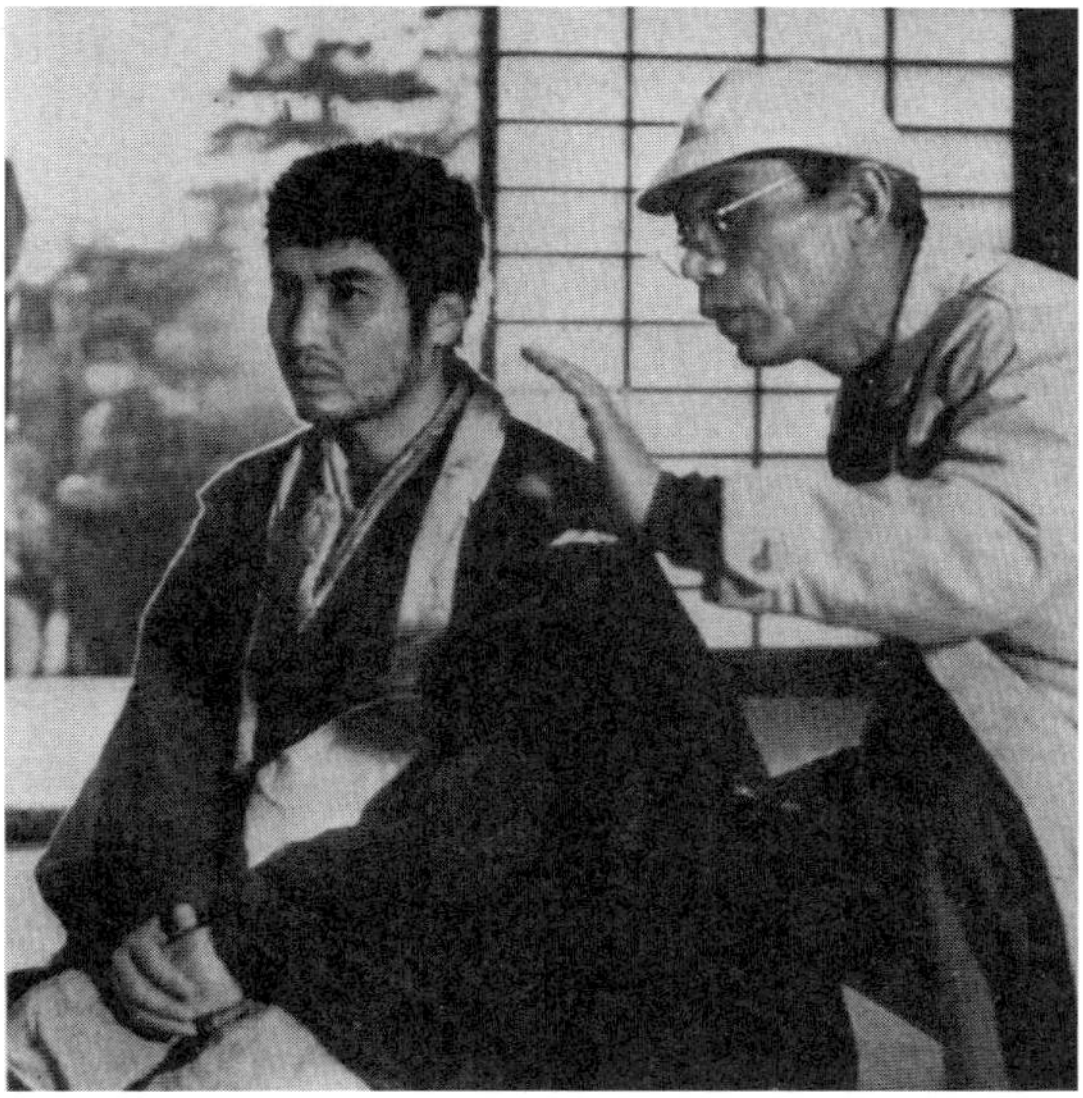

『親鸞』(1960年)で、錦之助と田坂具隆監督

らい、キャメラが動いたり、いろいろしてるんです。ところがそれがちっとも目に付かない。非常に自然になっちゃうわけですね。ほんとの意味でテクニシャンっていうのは、田坂具隆監督だと思います。しかも、人間の演技のつけ方が実に誠実なんですね。あざとい芝居は拒否する。非常にきっちりしたコンティニュティを立てられて、その中に人間をきっちりと配置させて自然な演技をさせる。そういう意味で、田坂監督という方は、実生活もそうですが、映画を撮る時も非常に誠実な方でした。「先生、なんでここでキャメラ、動くんですか」って訊くと、「うるさいね、きみは」と言いながら、あとでみんなのいないところで、「それはね……」って説明してくれるわけです。で、こっちも厚かましいので、何度も何度もいろいろな場面で、「先生、ちょっと」「おい、またか」なんて言いながらも、教えてくださって。なにしろ錦之助さんが尊敬しているくらいですから、スタッフもみんな田坂監督には傾倒していました。

　私生活の面でも、私は田坂さんや錦之助さんに迷惑をかけましたけど、まァ二人ともね、田坂さんは師で、錦ちゃんは兄貴分という感じで、いろいろお世話になりました。この二人の力がこのシャシンには結集してます。ですからこれを見ていただくと、二人がやりたかったことも分かります。東映というチャンバラ一辺倒の会社の中で、何を作りたかったのか、あとになればなるほど痛いほど分かってきますね。錦ちゃんは、やっぱり、江戸の庶民ですね。庶民というのは、時代劇の中で主人公、ヒーローにならんのですね。まァ、親鸞という人物は、完全なヒーローですけどね。それに比べると、『ちいさこべ』の大工の棟梁は、庶民ですね。錦ちゃんは、町人では一心太助やってますけど、これはヒーロー中のヒーローです。そうじゃないほんとの庶民をお二人とも描きたかったんでしょうね。ですから、のちに田坂監督が錦ちゃんと『冷飯とおさんとちゃん』を撮りました。錦ちゃんが演じた三人の主人公は完全に庶民でしたね。ぼくが助監督時代、「おまえ、何がやりたいんだ?」って錦ちゃんが訊くから、『ちゃん』かなんかやって、監督になりたいですね」って言ったら、「よし、オレが出てやる」ということでした。で、ぼくが『くノ一忍法』(昭和39年10月公開)でデビューした時、「おまえ、なんであんなもんやるんだ!もうおまえとは絶交だ」(笑) ところが、その年にですね、京都市民映画祭で新人賞をもらうことになりまして、そしたら、一番先に、発表も何もしない時に、電話をくれたのが錦之助さんなんです。「おまえとは絶交だ」と言われたのにですよ。まァ、そういう人だったですね。

第12回京都市民映画祭受賞式で、藤純子と中島監督（1965年11月）

ずっとあとに『真田幸村の謀略』で錦兄ィに家康をやってもらう時も、いろんなことがありました。でも、その頃は、東映が時代劇を復興しようということで、『柳生一族の陰謀』が当たって、その次に『赤穂城断絶』をやる時に、ぼくはB班の監督で手伝って、三分の一くらい撮ったんですけど、錦兄ィのところは絶対に撮らなかった。深作欣二監督とそりが合わなくて、錦兄ィから「おまえ、撮ってくれよ」って言われましたけどね。で、家康をやってもらった時は、「今度はオレの好きなようにやらせろ」と言われて、好きにやってもらったという記憶があります。

――錦之助さんと家康は、どうも結びつかないと思っていたんですが、この間、二代目錦之助と話していたら、タヌキおやじの家康を錦之助さんは自分でやりたいと思ってやったとのことでしたが。

中島　まァ、頼んだから、一も二もなくやってくれたんだと思いますけど。その代わり、家康像についてはずいぶんディスカッションしましたけどね。

――中島監督が撮った映画で、錦之助さんが出たのはあの一本だけなんですよね。

中島　監督と役者の作品ではね。

――あの映画、千恵蔵さんは毒殺するるわ、錦ちゃんの首ははねるわで、よくあんな映画が作れたなあ、と思うんですが。

中島　まァ、その話は、なしにして。（笑）

――錦之助さんと飲み歩いたっておっしゃってましたが、お金はもちろん錦之助さんが……。

中島　はい、こっちは金がありませんから。

――独身時代ですか、一番飲んでたのは？

中島　独身時代も独身時代でなくなってからもどっちも。そのうち錦兄ィが有馬さんと一緒になられて、有馬さんに「夜の巷をブラブラしないで、うちで飲みなさい」って言われて、それから、それで錦之助さんのお宅で飲むようになって、それからまた。よく引っ張られて行きましたね。引っ張られて行ったのか、押しかけたのかは分かりませんけど、よく飲んでました。ただ、時期的に前半は、映画の話は一切しなくて、他愛のない話ばかり。後半は、かなり映画についての話をしましたね。そこまで錦之助さんが変わっていったということだと思います。

――時代が移って、映画も変わってきたからでしょうね。錦之助さんは、ご飯を食べるんですか。酒飲む一方ですか。

中島　ご飯はあんまり食べませんでしたね。酒ばっかり飲んでたような……。食べ物はありますよ。でもこの間、有馬さんが「わたしはその時ずっと台所でお料理作ってたのよ」って言ってましたが、まァ、その料理を食べるより、しゃべって飲む方が多かったですね。

――有馬さんは加わらずに。

中島　そう、有馬さんがそう言うから、この間あやまって、「どうもすいませんでした」って。

――夫婦二人だけで、差し向いでゆっくり夕食とったことはないって、有馬さん、おっしゃってましたね。

中島　なかったでしょうね。

――いつもだれか、ヘンなのがいっぱいいて。（笑）

中島　ヘンなのが？　いや、スタッフであったり、俳優さんたちであったり、ですよ。

――もともと、なんで中島さんが錦ちゃんと飲むようになったかというと、有馬さんの忠告があったそうですね。錦ちゃんがスタッフとばかり飲んでて。

中島　いや、スタッフじゃない頃ですね。錦之助さんは歌舞伎の出身ですから、当然、東京から歌舞伎の脇の方々が後見で付いてきてるわけですよ。たとえば、この映画にも出ていた（中村）時之介さんとか、何人かがおられる。それと、ちょっとややこしい方々も……(笑)、取り巻きにいたわけです。それから、スターというのは必ず、自分の身の回りを手伝ってくれる人たちがいて、つまり、衣裳部さんたち、頭の結髪さん、それと小道具さん、小道具にも手にする小道具と飾る小道具がありますが、たとえば印籠だとか刀だとか、身に着けるものの小道具さんですね。こういう方々というのは、スターさんともうベッタリになるわけですね。それは、まァ、そうですよね。そのスターの特徴も知っているし、スターの要求も知ってますから。そういうスタッフの人がですね、当時の東映には7、8人の大スターがおりましたけど、彼らはみんな会社に所属している会社員なんですけど、スターの所属みたいになっちゃうんです。で、そういう人たちがだいたい錦ちゃんの最初の取り巻きだったんです。そこへ、もう少し違うスタッフたち、若いシナリオライターとか助監督とか、まァ、当時の助監督はあまり人間扱いされてませんでしたが、一応大学出ですし、少しは映画の勉強をしているっていうんで、有馬さんが錦兄ィに、「あなた、そういう人とも付き合わなきゃダメよ」と。別の言葉でいうと、「ちょっとインテリともお付き合いしなさい」ってことですね。で、そのインテリとして選ばれたのが、のちに『トラック野郎』を撮った鈴木則文とぼくだったんです。

――中島さんは、自分で言いにくいかもしれませんが、東大なんですね。実は、私の先輩なんです。文学部の美学美術史学科。学科も同じで。わりとここから映画関係に進む人も多いですね。

中島　そうですね。演劇や美術評論をやってる人もいるけど、いろいろですね。テレビ界も結構多いですね。たとえば、倉本聰。彼はぼくと同期ですし、一年下に、この前亡くなった久世光彦《てるひこ》。東映の監督では伊藤俊也がそうですね。

――中島さんが東映に入られた時、大学出の監督は少なかったのでは?

中島　ぼくが東映に入った頃は、映画界の全盛期でしてね。映画館にお客さんが一番入った頃なんです。ですから、あの頃、助監督というのは花形だったんですね、将来の映画監督ということで。入社試験の倍率も結構高くて、週刊誌でよく就職ベストテンっていうのをやるでしょ。すると必ず入ってるんですよ。

――中島監督は昭和34年の4月入社なんで、ちょうど、今の天皇陛下が美智子様とご成婚なさった時ですね。で、錦ちゃんの映画は、入社して最初に見たのが『独眼竜政宗』だったそうです。そのあとが『浪花の恋の物語』で、中島さんが東映京都で働き始めたのはその頃ですね。で、錦ちゃん主演の映画で初めてサード助監督として仕事をしたのは沢島忠監督の『一心太助　男の中の男』だったんですね。

中島　そうです。ぼくが東映に入るきっかけにもなったんですけれど、錦ちゃんと沢島監督の『一心太助』を見て、すごいなあと思ったんです。一心太助をやった錦ちゃんのあの啖呵が素晴らしくて。惚れ惚れしましたね。沢島さんのテンポの良さにも感心して、時代劇もなかなかなもんだと思ったんです。で、東映京都で二人の作品に関わることができて、嬉しくてほんとに一生懸命にやりました。それからは、ほとんど錦兄ィの映画に助監督でつくようになりましたね。めぐり合わせでそうなったのと、後半の方は、「あいつ、つけてくれ」って言ってくれたと思いますね。多分、やりやすかったんじゃないですかね。それから、巨匠の田坂さんと今井正さん、この二人の京都作品につくことになったんです。それとマキノのおやじさん（雅弘）ですね。

――今井監督の『武士道残酷物語』の時はセカンド助監督でしたよね。あの時は大変だったんじゃないですか。今井監督と錦ちゃんとはどういう感じだったんですか。

中島　田坂さんと錦ちゃんの関係とは、違う関係でね。今井さんというのは、あまり介入していかない方でして、ほとんど演技をつけないんですね。俳優さんに、「やってみてください」っていう感じなんです。で、俳優さんがお芝居をする。そうすると、「ちょっと違うんですけどね」とか、「ほかにないですかね」（笑）役者さんは困るわけです。だから、いろいろ考えてやるんだけど、何度もテストやらされるんです。まァ、錦兄ィなんかは、「もうこれしかないよ」って感じでね、同じとこを変えて芝居しないですから。一度で出し切っちゃって、もうできませんみたいに。すきっとするんですが、女優さんは可哀相ですね。30回も40回もやるんですよ。と、泣き出しますね。ぼくらはそっと、慰めるという次第で。（笑）

――錦之助さんの時は、NGとかはないのですか。

中島　錦之助さんの時は、NGじゃなくて、もう一回撮り直しなんです、今井さんの場合。つまり、監督が気に入らない時は、「あなた、このカットのここがダメです」とは言わないわけです。で、もう一回、設定をして、撮り直しをするという、そういう手法ですね。今井さんとまったく対照的なのがマキノ雅弘監督でして、たとえば芸者さんはこう動くんだと、ちょっと膝を崩して、左手をついて、右手の指で「の」の字を書いてごらん、みたいなことを言って、自分でもやってみせちゃう。そうすると、ほんとうにそれらしく見えるわけですね。今井さんは、田坂さんもそうですけど、絶対に椅子から動かない。でも、田坂さんは、「そこんとこ、ちょっとこうしてください」という指示は出しますが、今井さんは、「ほかにないですか」と来るわけです。（笑）それぞれ、監督のタイプですから。

――松田定次監督や内田吐夢監督にはついたことはなかったんですか。

中島　松田監督には一回ついて、お払い箱になりました。（笑）内田監督には、なぜかまったく縁がなかったですね。やっぱり流れがありましてね、その監督につくかつかないっていうのは。

――ここで『関の彌太ッペ』のことをお聞きしたいのですが、『関の彌太ッペ』は山下耕作監督の初期の代表作ですけど、中島さんはセカンド（助監督）でしたね。

中島　ええ。鈴木則文がチーフで、ぼくがセカンド、牧口雄二がサードでした。実はこれは、変則的な編成だったんです。その頃はもう、東映の時代劇に客が入らなくなったんですね。テレビの普及のせいなんですけれど、そういう中で、やっぱりわれわれも若かったものですから、少し若手にやらせろという運動をしてたわけです。新しい映画を作らなきゃダメだという主張もしてまして、当時、山下耕作監督は、監督になったばかりで、助監督時代は指導的な立場にあった人でした。で、山下監督と錦之助さんとで一本、作品を撮ろうということになって、企画プロデューサーの小川三喜雄さんのところへ行ったわけです。三喜雄さんは、錦之助さんのお兄さんで、昨年でしたかお亡くなりになりましたが（平成20年10月11日逝去）、東映でずっと錦ちゃんの映画のプロデューサーをなさってました。で、三喜雄さんに働きかけて、「やりましょう、やりましょう」と言ったら、「おう、やろう」ということになって。錦ちゃんは巨匠とばかりやってましたけれど、若手の山下耕作監督と組むということで、われわれも自主的に加わって、一生懸命にやりました。小生意気にいろんな意見を出して、脚本を直したり、それからロケ地へ行って、どういう芝居をつけたらいいかとか、そういうことを助監督の枠を越えるくらいして、参加させてもらいました。この作品は、抒情的で、非常にいい作品ですよね。『関の彌太ッペ』はいろいろあるけれど、山下監督と錦ちゃんのあの作品が一番いい作品じゃないですかね。

——中島さんは助監督で主にどういう仕事をしてたんですか。

中島　ぼくはわりとホン直しをやりましたね。で、現場で何をやってたかと訊かれると、ぼくも……。ただ、ほら、最初に女の子を助けるところがありますよね。で、あの女の子を、リアリティがあるように、川で溺れさせようということになったんです。で、あの子を放り投げる時になって、誰だってイヤですよね、そんあことするの。川の下の方には何人も待っていて、「じゃ、しょうがない。オレが投げる」ってぼくが言って、やったんです。

——水泳が上手な女の子を使ったとか……。

中島　いや、そんなこと、水泳が上手って言ったたって、着物着て、流れの中では泳げないですよ。まァ、良く言えば、いいシャシン作りたくて放り投げた。悪く言えば、誰もやらないから、しょうがなくてやったんですね。(笑)

——中島監督は、映画祭とかテレビとかであまり錦之助さんの話をしないといった不満が錦之助映画ファンの会の一部にあるんですけど、(笑)　何か理由があるんですか。

中島　いや、特にないですよ。でも、錦兄ィというのは、いろんな意味で大事な部分があるんで、なんて言うのかなァ、錦兄ィを語るのに、きょうこれだけ語っても、非常に断片的なんですね。大変多面的な要素を持っているんです。ぼくは、錦兄ィが病気になられてからも、いろんな話をしましたが、「原因は何?」って訊いたら、「これこれこうだよ」と答えてくれる仲だったんです。だから、どうもしゃべれないところがあるんですね。それに、錦兄ィのイメージがいろいろありすぎて、簡単には語れないこともあるんです。若い時の錦ちゃんのイメージと、テレビに出ていた時の錦ちゃんと、舞台をやりながら時代劇復興ということで東映に戻って映画に出た錦ちゃんと、ぼくにとっては明らかに全部違うんですね。

——わかりました。まァ、私はファンの一人として錦之助さんの本をこれからも作っていきたいと思っていますが、中島監督にはまたインタビューしますので、よろしくお願いします。それから、田坂具隆監督は、戦前の日活時代から戦後20年間にあれだけ数多くの名作を残した巨匠なのに、業績をまとめた本が全然ないことを私は大変残念に思っています。で、いつかそんな本も作りたいと思っていまして、中島監督もいつお隠れになるか分からないので、早いうちにインタビューして、証言を残したいと思っています。その際もよろしくお願いします。

中島　（笑いながら）お隠れになる前に、協力しましょう。（笑）

——きょうは、どうもありがとうございました。（拍手）

中島貞夫著「映像のスリット　わが映画人生」（昭和 62 年　芸艸堂）の挿画

東映太秦村で、三島ゆり子さんと中島貞夫監督（平成 20 年 1 月）

錦之助の江戸っ子ぶり

江戸っ子らしい性格とはどんなものなのだろう、と時々考えることがある。もちろん、江戸っ子なんて今の世に生き残っていないから、現実離れした話である。それでも、古典落語なんかを聴いていると、八ッつぁん、熊さんなど、いろいろな江戸っ子が登場して、かなり誇張されて面白おかしい人物に作り上げられてはいるが、江戸っ子らしい性格が見えてくる。

そそっかしい、気が短い、元気がいい、強がり、無鉄砲、喧嘩っ早い、人情が厚い、世話好き、自慢屋、見栄っぱり、口が悪い、ウソがつけない、お世辞下手……、ほかに、意気地がない、涙もろい、権威に弱い、威張りたがり屋、なんていうのもあるかもしれない。

これは錦之助の自伝で読んだ話だが、父親の中村時蔵は落語ファンだったらしく、古今亭志ん生を家に招いて落語をやってもらっていた時期もあったらしい。戦後しばらく経って志ん生が中国から帰還して売れ始めた頃だろうから、錦之助がハイティーン時代で、錦之助をふくめ播磨屋一門が間近でナマの落語を聴いていたとのことだ。これは興味深い話である。私は歌舞伎に関してはあまり詳しくないのだが、落語にはいわゆる芝居噺というのがあって、歌舞伎十八番や江戸時代の名優の話を落語にしたものがたくさんある。「淀五郎」や「中村仲蔵」は「忠臣蔵」の四段目と五段目をテーマにした有名な噺だ。歌舞伎と落語は関係が深いのだ。播磨屋一門がどんな噺を聴いていたかは分からないが、錦之助が若い頃から歌舞伎だけでなく江戸の大衆文化、とりわけ江戸の庶民性に通じていたことは確かである。

錦之助を観察していると、江戸っ子を自負しているプライドのようなものを言動のふしぶしに感じる。そして、私が錦之助の大ファンである最大の理由の一つも、錦之助が江戸っ子っぽいからなのである。錦之助はある意味で京都を本拠とする東映時代劇の異端児だった。旧態然とした京都時代劇に東京の新風を吹き込んだ革命児だったとも言えよう。戦前の時代劇スターと言えば地方出身の役者や関西系の不遇な歌舞伎俳優が多かったのではあるまいか。主だったスターの出身地を調べてみると、阪妻だけが東京で、大河内伝次郎は福岡、片岡千恵蔵は群馬（育ったのは東京）、市川右太衛門と嵐寛寿郎は大阪、月形龍之介は宮城、長谷川一夫は京都、大友柳太朗は愛媛である。

戦前は知らないが、戦後の男優で時代劇の江戸っ子を演じさせたら、錦之助の右に出る役者はいなかったし、今でもいないのではなかろうか。東千代之介は東京出身だが、江戸っ子らしい役に恵まれなかった。大川橋蔵も東京出身だが、品の良い美しさが特長でべらんめえ言葉が板についていなかった。市川雷蔵は京都出身でニヒルな暗さが魅力。勝新太郎は東京出身だったが、泥臭い演技が売りで、私の好きな「悪名」の主人公は河内の暴れん坊で、粋な江戸っ子ではない。三船敏郎は野性的で田舎くさい侍が多かった。

錦之助だけが粋で気風のいい江戸っ子を演じることができたと思う。映画で言うと、『一心太助』シリーズ全五作のほかに、『おしどり駕籠』『蜘蛛の巣屋敷』『江戸っ子繁昌記』『江戸っ子奉行　天下を斬る男』『ちいさこべ』、そして『冷飯とおさんとちゃん』の『ちゃん』などがある。主人公の性格描写の違いこそあれ、どれも錦之助の江戸っ子ぶりが見られる作品である。『若き日の次郎長』シリーズの錦之助は、清水の次郎長ではなくむしろ江戸の次郎長のようだった、オールスター映画の『水戸黄門』は、佐々木康監督作品と松田定次監督作品があるが、錦之助が演じた役は、前者が巾着っきり、後者が火消しの頭だった。『任侠清水港』『遠州森の石松』『森の石松鬼より恐い』で演じた錦之助の石松も、従来の石松のイメージを打破し、ドモらず口のよく回る江戸っ子的な石松だった。

錦之助の良いところは、何より江戸っ子らしい明るさである。しかもエロキューションが大変よく、歯切れのいい東京弁が特長である。それにあの甘いマスクで、気風がいい、と来たもんだから、昔も今も錦之助に憧れる人が跡を絶たないのは当然だと言えよう。ましてや自称東京人の多くの人々が（私もその一人だ）錦之助に江戸っ子の典型を見て、彼にぞっこん惚れ込むのもまったくアタボーなのかもしれない。（背寒）

――「錦之助ざんまい」（平成18年7月8日）を一部改稿

錦之助映画論（その四）

『冷飯とおさんとちゃん』

藤井秀男

江戸時代のありふれた市井の人々の喜びと悲しみのドラマ。チャンバラのない時代劇だが、見ていて、心が洗われ、しみじみとした気分になる。『冷飯とおさんとちゃん』（昭和40年4月公開）は、そんな映画だ。私はこの映画が好きで、映画館でもビデオでも、もう何度も観ている。山本周五郎が書いた短編を三つ選び、鈴木尚之が脚本を書き、田坂具隆が監督したオムニバス映画で、3時間の大作である。主人公はそれぞれ、武家の四男坊（柴山大四郎）、若妻を慕う大工（参太）、貧しい火鉢職人（重吉）で、そのすべてを錦之助が演じ分けている。

軽快なユーモアとほのぼのとした人間愛を感じる第一話『冷飯』、夫婦の性愛と離別の悲劇を内省的に描いた第二話『おさん』、貧乏暮らしの職人の意地と心暖まる家族愛をテーマにした第三話『ちゃん』。どれもが粒揃い名作に仕上がっている。

ところで、山本周五郎の原作は、すべて新潮文庫にあり、「おさん」は、同名のタイトルの短編集に、「ひやめし物語」と「ちゃん」は、「大炊之介《おおいのすけ》始末」という短編集に収録されている。もともと私は、原作と映画を比べることにあまり関心がなく、原作は原作として、映画は映画として鑑賞する主義なのだが、『冷飯とおさんとちゃん』は原作と比べてみようという気になった。映画が素晴らしかったからだ。原作を読みながら、ところどころで映画のシーンを思い浮かべた。セリフや情景を忠実に再現しているところもあれば、映画にはあったが、原作には書かれていない部分も多々ある。そして、比べているうちに面白くなってきた。半日かけて三作とも読み終えたが、細かいところで、腑に落ちない点があり、そこでまたビデオで映画を見直してみた。結局、二日がかりで、多分15時間以上、この作品を研究(？)することになってしまった。

第一話の『冷飯』。映画では場所の設定がなかった。江戸ではないどこか地方の城下町だと思っていたが、原作を読むと、「百万石」と「香林坊」が出てくるので、金沢だと判明。この映画はすべてセット撮影でもあり、土地柄はあまり重視していなかったのだろう。

私の興味は、映画で印象的だった部分が、原作にあるのかないのか、またどう書いてあるのか、ということにあった。たとえば、肌襦袢の襟元に縫いこんだ一両小判の扱い。映画では重要なモチーフとして生かされているが、原作では軽く触れてあるにすぎない。映画の初めの方で、主人公の大四郎が着替える襦袢に母親（木暮実千代）が小判を入れ替える場面があり、次に、兄三人が大四郎に一両ずつ小遣いをやるところでは、次男が襟元から小判を出す場面がある。そして、大四郎が料理屋で拾った財布を中老の中川八郎兵衛（千秋実）の家へ届けに行って、金が足りないと中川に難癖をつけられ、やむなく大四郎がなけなしの小判を出すことになる。原作ではここで初めて「肌付の金一枚」が出てくる。映画ではこの一連の描写が大変面白いのだが、これらはすべて創意工夫だった。原作には兄三人が小遣いを出し合う場面もなく、これは細かいことだが、中川が足りないと言う金額も違っていた（原作では一両二分一朱、映画では三両一分で、ちゃんと金額の辻褄を合わせていた）。

また、大四郎が通りで出会い、一目惚れした娘（入江若葉）を桔梗の花にたとえるところがあるが、これは原作にもある。ただ、映画では中川八郎兵衛の娘の名前が菊乃で、どちらの娘と結婚しようかと大四郎が一瞬迷うところで、桔梗の花と菊の花のフラッシュ・バックがあって、ここがラストシーンへなだれ込むつなぎのカットとしてものすごく効果的で、いかにも映画的な手法なのだが、もちろん原作にはなかった。その上、中川の娘の名前は、原作では八重で、菊乃ではない。さらに、気がついたのは、映画の初めに大四郎が紙屑屋とぶつかって、古書を買う場面があり、その古書の題名が「秋草庵日記」になっていたが、これも完全に映画上のアイデアで（多分こんな本は実際にはないのだろう）、桔梗と菊という秋の草花を後で登場させる布石になっているのが分かった。

『冷飯』は、ストーリーは原作に忠実だが、映画の中にはかなり手の込んだ仕掛けが施してあり、それを知って私は納得し、「うまいもんだなァ」と感心したのだった。

第二話の『おさん』。これは原作そのものが映画的で、たとえば、二つの話を同時進行させることや、回想場面の挿入の仕方がそうである。もちろん、映画はこうした原作の描写を踏襲している。とくに旅の宿での主人公参太と女中おふさ（新珠三千代）との会話はほとんど同じだった。実は若妻おさん（三田佳子）との場面より私はこちらの方が好きなのである。

おさんとの関係については、この作品を映画で観たとき、どうも不自然に感じたところがあった。それは参太が、なぜ美しい若妻のおさんと離別までして、二年間に及ぶ上方への長い旅に出たのかということである。たとえ、おさんが夜の床で恍惚とし、参太の知らない男の名前を叫ぶとしても、それが離別する理由にはならないと思ったのだ。そして、風の噂に、江戸に残したおさんが次から次へと男に身をゆだねていると聞いた参太がそれでも妻への想いを捨てきれず、妻の元に帰ろうとする気持ちも分からなかった。帰途の旅で出会ったおふさとの成り行きは自然なのだが、参太があくまでも女房持ちであることにこだわって、離縁同然にした妻の、自分への変わらぬ愛を信じて疑わない。その単純さが、理解できなかった。原作を読んでも、これは同じで、どうも男女の心理描写に無理がある作品だなと思った。

映画では、大磯の宿で、おふさが拾い集めた貝殻を参太に見せるシーンが印象的なのだが、これは原作にはない。おさんを昼顔に喩えるところは原作にもあるが、貝殻の場面では、原作はおふさを朝顔の花になぞらえていた。昼顔と朝顔ではコントラストが際立たないので、映画では貝殻に変えたのだろう。『おさん』は、心理描写も原作に忠実で、参太のモノローグに近い言葉（辰造＝佐藤慶との会話）などは原作の記述をそのままシナリオ化していた。原作の観念的に偏りすぎた欠陥が、映画にも見られたことは、残念だが仕方がないことだったのかもしれない。

この作品は、全体的に暗くて身につまされる話だが、ラストシーンがせめてもの救いだった。参太が墓参りをして、昼顔を活け、死んだ妻おさんと語り合う。映画では、おさんの幽霊が出てくるが、原作にはなかった。原作では、参太が心の中で、妻ならこう答えるだろうと、自問自答していた。言うまでもなく、幽霊の方が映画的で、観る者の瞼に焼き付くように思えた。

第三話の『ちゃん』。『冷飯』も『おさん』も主人公の錦之助が歩いていく背中のショットから映画が始まるが、『ちゃん』もそうだった。が、この話の主人公重吉はへべれけに酔っ払っている。千鳥足で、長屋の路地をふらふらしながら歩いていく。家の前にたどりつくと重吉は大声を上げる。「ゼニなんかない、よーだ。みんな飲んじゃった、よー。」この映画は出だしから、衝撃的なのだ。

『ちゃん』は、実に重厚でコクのある作品だった。飲んだくれの火鉢職人が、女房と四人の子供をかかえる「とうちゃん」である。貧乏人の子沢山だが、女房（森光子）はしっかり者、縫い物の内職をして、家計を支えている。重吉は、昔気質の職人で、時勢に取り残され、伝統的だが売れない火鉢を作り続けている。職人の意地はあっても、稼ぎは悪く、金は酒に遣ってしまう、そんな甲斐性なしの自分に重吉は嫌気がさす。そして、とうとう、夜中に一人家出をはかる。そんなみじめな話だが、これがまた胸にじーんと来る。亭主の夜逃げを見つけた女房が重吉に膝を突き合わせるようにして、こんこんと説く。子供もみな起き出し、「ちゃん」と一緒について行くと言って、重吉を励ます。このクライマックスの場面を見ると、いつも私は目頭が熱くなる。

この作品は、貧しさをものともせず、たくましく生きる女房と明るい子供たちが「ちゃん」を暖かく囲む、そんな理想的な家族愛を描いている。この映画は三部作のなかで最も原作に忠実であった。原作も素晴らしいが、映画はその良さを十二分に生かしきり、原作に勝るとも劣らぬ出来ばえだった。

ラストシーンは明らかに映画の方が優れていた。重吉が家出を企てた日から何日か経って、再び、長屋の路地を酔っ払って歩いていく。重吉の背中が映し出されるファーストシーンとまったく同じなのだ。クダまで同じで、「ゼニなんかない、よーだ。みんな飲んじゃった、よー」観る者は、重吉が性懲りもなく、また飲んだくれになったと思う。ところが、違う。重吉は嬉しいことがあって、酒を飲んだのだった。戸口で女房に地べたに坐れと命じ、重吉は柳橋の商家で自分の火鉢が認められ、注文がたくさん入ったことを打ち明ける。これは原作にはない見事なハッピーエンドだった。

『冷飯とおさんとちゃん』は、善人ばかりが登場し、内容があまりにも理想主義的だと批判する人もいるかもしれない。しかし、こうしたひた向きさと求道者精神こそ、田坂具隆の真骨頂だと私は思っている。そして、だれがなんと言おうと敢えて理想主義的な映画を作ろうとした彼の信念と意気込みに私は打たれてしまう。今はだれ一人こうした映画を本気で作ろうとしない。また作ることもできなくなってしまった。高い理想を失い、人道精神も地に落ちた現代の日本であるからこそ、田坂作品が輝きを増すのだ、と私は思う。

田坂具隆は山本周五郎のヒューマニスティックな人生観と波長が合った人であり、周五郎の世界を鮮やかに表現できる映画監督だった。これが黒澤明だとまったく違ったことになる。黒澤も周五郎の作品が好きだったらしく、『赤ひげ』『どですかでん』などを映画化しているが、黒澤作品はダイナミックだが、登場人物は類型的で、人情の機微を表現するまでには至っていなかったと思う。

ここで、三役に扮した錦之助の名演について、私の感想を書いておこう。

第一話『冷飯』で錦之助が扮した柴山大四郎は、末っ子の甘えん坊、自由奔放でのんきだが、仕事もなければ、嫁ももらえないという冷飯食い。錦之助の演技には浮き世離れしたおおらかさとモラトリアムの悲哀の両方が滲み出ていた。古本の収集に熱を上げているところなども面白いが、とくにほほえましかったシーンは、高級料理屋へ行って、お品書きの言葉がよく分からず、女中（宮園純子が良い！）にいちいち尋ねるところだ。

第二話『おさん』の主人公参太は、ぐっと抑えた演技で、女にもてそうな、無愛想だが優しい男らしさがあった。また、悩みを内に秘めた男の暗い影もうまく表現していた。

第三話『ちゃん』の重吉の飲んだくれの演技は、これが錦之助の地なのかと思うほどだった。酒飲みの演技は、下戸の方がうまいとはよく言うことだが、若い頃から酒好きで酔っ払って祇園の街を練り歩いたという錦之助である。が、この酔っ払いの演技を見ていると下戸の方がうまいという定説もウソだなと思う。また、錦之助は二日酔いの演技もうまかった。酒を飲んで帰った翌日の重吉の後悔したような、やるせない表情がとくに良かった。

この映画で錦之助が演じた役柄は、錦之助個人の実人生と微妙に重なっているところも多々あったように思える。こうした映画の見方はやや邪道であるが、一応それにも触れておこう。第一話の大四郎同様、実際に錦之助は四男坊で、母親っ子。歌舞伎界の名門一家のいわば冷飯食いだった。有馬稲子とのすれ違いの夫婦生活が、第二話のようであったかどうかは知らないが、うがった見方をしたくなる気にもなる。第三話は、錦之助のその後の人生を予見しているようで、どうしても錦之助の独立プロが倒産した後のことを思い浮かべてしまう。女房は淡路恵子で、四人の子供をかかえて、窮乏生活を送るところも暗示的である。時代劇も衰退し、錦之助の名演技も発揮する場所がなくなって行った経緯は、重吉の報いられない悲哀を感じさせるものがあった。

最後に共演者について。この映画にはミスキャストはいないと思った。というより、各共演者が登場人物に成りきった演技をしていると、もうその人物は、この男優この女優でなければならなかったと後から思い込ませてしまう、と言った方が適切だろう。この映画、東映の枠を越え、あっちこっちから、よくもまあ芸達者を集めたものだという感じなのだ。

たとえば、第一話の大四郎の母親は、武家の母親の落ち着きと寛大さを備えた木暮美千代でなくてはならず、すぐ上の兄でおしゃべりな三男坊はお調子者の小沢昭一、中川八郎兵衛はからっと明るい千秋実でなくてはならないと思ってしまう。可憐な桔梗みたいな娘は入江若葉で決まり。ただ、若葉さん、セリフがあるのは最後の最後。錦之助と祝言を挙げた後で、可哀想に彼女は眉を剃り、お歯黒だった。冷飯の先輩、大四郎の叔父役は苦みばしった花沢徳衛がはまっていた。

第二話のおさん役は、やはり三田佳子が良く、しっとりとした情感溢れるおふさ役は東映女優には見当たらず、どう見ても新珠三千代が適役だった。彼女が錦之助の寝ている床に足から潜り込むところなど、もうゾクゾクしてしまう。おさんに惚れて、骨抜きにされる男が大坂志郎で、すさんだ表情が良かった。

第三話のしっかり者の女房は森光子が良く、飲み屋の女将は気丈で情熱的な渡辺美佐子でなければならない。どろぼう役は、三木のり平。とぼけた味がなんとも言えなかった。そして、四人の子役がみな良かった。とくに長男の伊藤敏孝がうまく、末娘の藤山直子（藤山寛美の娘、現在の藤山直美）がなぜか関西弁で愛嬌たっぷり、本当に上手だった。

――「錦之助ざんまい」（平成18年5月1日）を一部改稿

「錦ちゃん祭り」日誌（平成25年11月16日〜11月26日）

「錦之助ざんまい」（背寒）より抄録

平成25年11月16日（土）——初日

朝9時15分に新文芸坐へ。すでに開館していた。入場券を買って（主催者だが必ず買うことにしている）、中に入ると、もうたくさんのお客さんが詰めかけている。ホールは8割方の入り。２００人くらいか。出足好調。

ロビーで、ファンの会の会員数人に会う。本が完成して売店で販売しているので、一冊、サイン用に早めに買ってほしいと伝える。

『弥太郎笠』を一番後ろの関係者席で、ゆったりとした気分で見る。錦ちゃん、カッコいい。丘さん、可愛い。千代ちゃん、さわやか…。素晴らしい映画だ。錦之助映画祭りのオープニングとしてやっぱり最適の作品だと思う。

終ると、お客さんが、どっと入場。70名以上が入って、完全に満員。立ち見のお客さんが出始める。仕方がない。関係者席4席を譲り、トークの時には左端の2席あけてくださいとお願いする。

『遠州森の石松』を見るのはやめて、丘さとみさんがいらっしゃるまで、ロビーで休憩することに。丘さんは、12時半に板橋の自宅を出て、タクシーで来るとおっしゃっていた。午後1時ごろには到着するはず。

私が映画を見ている間に留守電にメッセージが入っていた。女優の三島ゆり子さんからだ。休憩中に、三島さんへ電話。実は、21日のトークゲストに予定していた宮園純子さんが腰痛のため、いらっしゃれなくなり、ピンチヒッターに急遽三島さんにお願いしてあったのだ。2週間くらい前のことで、宮園さんの所属プロダクションの社長からお詫びの連絡があった。私も考えた末、兵庫県の尼崎に住んでおられる三島さんをお招きした。三島さんとは、5年前に東映京都撮影所で佐々木康監督を偲ぶ会でお目にかかったことがあり、無理を承知でお願いすると、

「いいわよ。日帰りでお伺いします」と快諾してくださった。

三島さんは、姐御肌のさっぱりしたお人柄で、とてもいい方なのだ。用件は、何時に行けばいいか、新文芸坐に着替え室があるかどうか、それと知人が何人か見えるのだけど、どうすればいいかということ。

1時前に、1階の入口前に出て、丘さんを出迎えるため待つ。なかなか見えない。

1時20分。シャレた黒い洋服にヒョウ柄のベレー帽をかぶった丘さんが向こうからやって来て、手を振って、微笑んでいる。

「ごめんね。タクシーがなかなかつかまらなくて…」

すぐに4階の事務室へご案内し、新文芸坐の色紙と進呈用の「錦之助伝」10冊にサインをしていただく。丘さんは本の表紙の見返しの一番初めである。これから次々にゲストの方にサインをいただくが、後ろの見返しの一番最後が有馬稲子さんの予定。丘さんのサインは画数が少なく簡単だから、速い。オレンジ色の見返しに筆ペンで、さらさらと書いてくださる。

映画が終って、円尾さんが事務室に上がってくる。映画を2本見て、少々興奮気味。『弥太郎笠』を「いやあ、ホント、傑作ですね」と言っている。おい、今更なんだよ。もう何べんも見ているじゃないか。そんなことわかってるじゃん！

これまでいつも丘さんの聞き手は円尾さんだったが（丘さんのご指名だった）、今日は私。丘さんには、「今度はゼッタイ、ぼくがやりますからね」と言ってある。

階下の受付から、映画評論家（雑誌「映画ファン」の元編集者）の渡部保子さんと「平凡」の元編集長の高木さんがいらして、丘さんに挨拶したいと言っておられると連絡があったので、お二人を事務室へ案内。10分ほど楽しげに丘さんと昔話をなさっていた。

1時35分からトーク開始。超満員だ。まず、私がお客さんに挨拶し、次に丘さとみさんを紹介。

「ゲストのトップバッターとしてはこの人をおいてほかにないと思います。私の大好きな、丘さとみさんです！」

お客さんは皆、丘さんを待ち構えていたとばかり、大きな拍手。

丘さんが東映に入る前に錦ちゃんのファンだった頃の話から伺い、錦ちゃんの共演者になって、どのように親しい関係になっていったかを、ミーハー的な立場でお聞きする。

最初の10分は丘さんも私の質問に対し結構長めに話していたが、途中からお答えが消極的になってしまい、私もだんだん困ってくる。仕方がない。角度を変えて、丘さんの錦ちゃんとの共演作について、タイトルをあげながら質問する。『大菩薩峠』『風と女と旅鴉』『浅間の暴れん坊』など。丘さんは、きっと、前回トークショーで話したことは、もう話すまいと決

トーク中の丘さとみさん

めていたのかもしれない。あっさりとしか答えない。

「伊藤大輔監督の映画にどうして出演しなかったのか、不思議なんですが、どうしてなんですかね？」

「どうしてかしらね。私のこと、好きでなかったのかも」

「田坂具隆監督の作品も『親鸞』だけで、賀津雄さんの恋人で、途中で悪者にさらわれて、あまり良い役じゃなかったですよね。『ちいさこべ』の錦之助さんの相手役は、丘さんがふさわしいと思うんですけど」

「あれ、チエミちゃんだったわね。私、出たかったんだけど」

結局、トークの後半は、私の丘さとみ賛美論を展開することになってしまった。なんだか私がベラベラしゃべる結果に。まあ、いいか。丘さんが女優の目標としていたジュリエッタ・マシーナのこと、昭和33年度のブルーリボン主演女優賞に2票差で山本富士子に負けてしまったこと、先週号の「週刊ポスト」の記事のことなど。錦ちゃんとは関係ない話になってしまい、最後はお客さんからの質問に答えていただく。

そのあと、サイン会。本を買ってくれた方を中心にサインをしていただく。おかげさまで、「錦之助伝」は50冊近く売れた。

サイン会のアシスタントは円尾さんに頼み、私は列を作ったお客さんの交通整理に回る。ファンの会の会員のほか、知り合いの方々がたくさん見えていたが、忙しすぎて、一人一人に対応できず。すいません。

丘さんは次の『弥太郎笠』をご覧になりたいとおしゃっていたので、急いでサイン会を終え、ポスターの前で写真撮影もして、時間内におさめる。

丘さんが、関係者席で映画を観ている間、私は事務室で円尾さんと新文芸坐チーフの矢田さんと明日以降の打ち合わせ。矢田さんとはお金の清算も。

丘さんは映画が終る前に退席なさるとおっしゃっていたので、20分前に階下へ行くと、すでにこっそりとお帰りになっていた。あとで隣りに座っていらした渡部保子さんに訊くと、映画を見ている時に、丘さんの咳が止まらなくなり、半分くらい見て帰られたと知る。もしかすると、風邪を引いていらしたのを隠していたのかもしれない。そういえば、いつもの丘さんに比べ、お元気がなかったと思い当たる。

今日はファンの会の会員の方からたくさん差し入れをいただいた。餡ころ餅、ケーキ、クッキー、チョコレートほか。円山榮子さんからも宅急便で京都の銘菓が届いていた。ありがたいことだ。

東映の著作権課のHさんがわざわざ映画を見に来てくれたので、4時半すぎに近くの喫茶店へ円尾さんと三人でお茶を飲みに行く。

夕方から、ファンの会の高橋さん、西奈美さん、町田さん、柴田さんと蕎麦屋で小宴会。8時半ごろまで。サンドイッチのほかに朝から食事をとっていなかったので、特上の天ザルを食べる。

9時半帰宅。本の注文ファックスが4枚来ていた。計7冊。

映画評論家の渡部保子さんから電話をもらう。今日のお礼と、「錦之助伝」の感想。家に帰ってから一気にお読みになられたそうで、「すごいわ！　もう感動しちゃった」という絶賛のお言葉。嬉しかった。保子さん（10年近いお付き合いで、私はそうお呼びしている）は、女性の花形記者時代から、錦ちゃんともひばりちゃんとも個人的によく知っていて、現在80歳。現在も活躍中で、昨年は「昭和のスター　最後の証言」という本も出され、日本映画批評家大賞の選考委員長を務めておられる。そんな保子さんが「錦之助伝」をちゃんと読んで、お世辞ではなく本当に褒めてくださった。

なんだか、急に元気が湧いてきた。

平成25年11月17日（日）——2日目

昨夜は10時半ごろに寝たら、夜中の3時に起きてしまい、朝までこのブログを書いたり、本の注文の整理をしていた。7時ごろにまた寝て、10時にアラームもかけたのだが、つい寝過ごしてしまい、目を覚ましたのが10時半。顔だけ洗って、あわてて家を飛び出す。

11時半、新文芸坐到着。3階のエレベーターの前で、円尾さんと会う。トークゲストの井上泰治さんも山内鉄也夫人もすでに見えていて、事務室で待っておられるという。『祇園祭』の開始が11時40分からで、映画を見にいらっしゃることは井上さんから聞いていた。山内夫人も井上さんも京都在住で、夫人は昨夜東京のホテルで一泊し、井上さんも東京に来ていて、朝、夫人をホテルに迎えに行って、いっしょに新文芸坐へ来られると、昨日連絡があった。出迎えるつもりでいたのだが、主催者の私の方が遅刻をしてしまった。

でも、今日の聞き手の円尾さんがちゃんと迎えてくれたので、ほっとする。ロビーには尾形伸之介さんもすでにいらしていて、ファンの会の町田さんと歓談していたので、尾形さんにご挨拶してから、今度は高岡正昭さんを探す。高岡さんは、明日のゲストだが、今朝京都を発ち、11時半ごろ新文芸坐へ見えることになっている。ケイタイで連絡をとると、早く着いたので近くの喫茶店でお茶を飲んでいて、すぐこちらに向かうとのこと。

事務室から、井上さんと山内鉄也夫人、もう一人、女性の方が降りて来たので、エレベーター前で、ご挨拶。

映画監督の井上さんとは、この上映会の企画中に新宿で会って、酒を酌み交わしている。私とほぼ同世代（確か一歳下）。山内鉄也監督(平成22年4月逝去)のお弟子さんで、現在、テレビ時代劇の「水戸黄門」や「大岡越前」の監督をしている。時代劇俳優の育成にも努めていて、時代劇の復興を常に考えている真面目な方である。

山内夫人とは初対面で、円尾さんが私を紹介してくれる。上品な貴婦人のような方で、井上さんから聞いた話では以前宝塚歌劇団にいらしたことがあるそうだ。私は山内鉄也監督とまったく面識がなかったのだが、4年前に記念本「一心錦之助」を作った時に、円尾さんが山内監督に原稿を依頼してくれた。そして、書いていただいた文章が熱のこもった素晴らしいものだったので、私が本の冒頭に置いたところ、あとで山内監督が大変喜んでいたと円尾さんから聞いた。しかし、残念なことに、これが山内さんの遺文の一つになってしまった。

もう一人の女性は、井上さんが紹介してくれる。河治和香さんといい、日本映画監督協会の事務局に勤めていらしたそうで、東映ビデオ宣伝部の河治信夫氏（平成20年7月に62歳で逝去）の奥様とのこと。「あっ」とすぐに思い当たる。河治氏は錦之助映画をはじめ東映時代劇のビデオ化を推進した功労者で、それをDVD化していく企画半ばで亡くなってしまったのだ。私は7年前にこの「錦之助ざんまい」を書き始めた時、一度電話でお話したことがある。東映ビデオのカバーの画像を使わせてくださいとお願いしたところ、快く承諾してくださり、錦之助映画の普及に大変協力的で、なんと話の分かる人なのだろうと感心した。そんな縁があって、河治氏の奥様と今頃になってお会いするとは思いもかけなかった。ちょっと話してみると、とても気さくで感じの良い方である。しかも、美人（お年の方は分からないが、私より数歳下だと思う）。

「これ、主人のことを書いた本です」と言って、和香さんが文庫本の入った茶封筒を差し出す。その時は中を見る暇がなかったのだが、あとで出してみると、新潮文庫でタイトルは、「未亡人読本」（河治和香）。経歴をざっと見ると、彼女は時代小説を書いている作家ではないか。びっくりした。

『祇園祭』が始まるので、皆さんを関係者席に案内する。館内は満員。立ち見客も数人いる。関係者席を8席取っておいたが、2席空いたので、お客さんに座ってもらう。私も関係者席に座って、今日はじっくりと鑑賞するつもりだ。『祇園祭』のニュープリントは、東京ではフィルムセンターで確か二度上映されたが、東京の映画館で上映されるのは今回が初めて。新文芸坐のお客さんもそれを知っていて、こんなにたくさん詰め掛けたにちがいない。

私が『祇園祭』を見るのは今度が四度目。高校一年の時に渋谷パンテオンで封切りを見て、その約40年後の8年前に京都文博で褪色したフィルムを見て、ニュープリントになった時にまた京都文博で見た。作品的にはいろいろ言いたいこともあるが今回は詳しくは書かない。ただ、錦之助が主人公の新吉を演じるにはちょっと老けているように感じる。前半がダラダラと長く、残虐なシーンが多すぎる（あの頃の風潮だったが…）。侍の描き方があまりに類型的で、支配者階級への憎悪が出過ぎる、相手役の岩下志麻が今ひとつなどなど。前半を40分くらいカットして短縮すれば、ラストの祇園祭復興がもっと盛り上がったように思う。

午後3時よりトークショー。山内鉄也夫人、尾形伸之介さん、井上泰治さんという順番に円尾さんが紹介し、三人の方

円尾さん（聞き手）、尾形伸之介さん、井上泰冶さん、山内鉄也夫人

それぞれにお話をしていただきながら、進行する。円尾さんが手際よく話を振り、ゲストの皆さんも不公平なく、おっしゃりたいことが話せたようで、大変良かった。

ただ、尾形さんがちょっと話し足りなかったようだが、仕方がない。

サイン会は尾形さんと井上さんにしてもらい、時間内に終了。昨日の丘さんに比べて、サインを求めるお客さんの数は少なかったが、これも仕方がない。

事務室で、ゲストの皆さんと少しだけ雑談して、山内夫人、井上さん、河治さんをお見送りする。「錦之助伝」は皆さんに進呈。

そのあと、『若き日の次郎長　東海の顔役』を見るのを私は諦め、尾形さん、高岡さんを誘って、寿司屋で小宴会。円尾さん、高橋かおるさんほか、総勢11名。2時間ほど。尾形さんが飲み過ぎたので（焼酎のお湯割り5、6杯）、高島平のご自宅までタクシーで帰っていただく。尾形さんは、元気だが、もう83歳。やはり心配だ。カーナビに尾形さんの住所を入れてもらい、運転手さんにお金も渡しておく。途中で寝てしまったら、着いてから起こして、お釣をあげて下ろしてくださいと頼む。

夜8時帰宅。円山榮子さんへ電話し、30分ほど話す。10時就寝。

しかし、夜中の3時に目が覚めてしまう。

メールボックスを開くと、錦ちゃんファンのSさんから、

「錦之助伝」の読後感を書いたメールが届いている。お褒めの言葉をいただき、嬉しくなって、「よっしゃ、今日のレポートを書こうか」と思う。

今、レポートを書き終えたが、もう明け方である。困ったなあ！　まったく変な生活パターンになってしまった。

平成22年11月18日（月）——3日目

昼過ぎまでゆっくり寝る。2時前に新文芸坐へ行く。入口のエレベーターの前に、「ただいま満員のため、ご入場できません」と書いた掲示板が出ている。

『笛吹童子』の一回目、満員札止めだったと知って、驚く。やっぱり読売の記事の効果があったんだな。良かった。

4階の事務室へ行き、映写技師のMさんと話す。『冷飯とおさんとちゃん』の途中休憩の件。『おさん』のあとに休憩がとれるかどうかという話。フィルムセンターから借りたフィルムはいろいろと制約があり、巻の途中で止められるかどうかが問題。

『笛吹童子』の第二部が終って休憩に入ったので、階下へ下りる。関係者席に高岡さんがいたので、少し話す。ホールの中を一回りし、見かけたファンの会の人たちに、打ち上げの宴会の日時を伝える。

22日（金）の夕方6時から、「すし常」の奥の座敷にて。2回目の『丹下左膳』が終ったら、会員はロビーに集合のこと。会費2000円（寿司セットと飲み物一杯分）。

2時45分ごろ、トークゲストの島英津夫さんが「よろきん一座」の座員を5人率いて、やって来る。女性は一人。目の大きな美人。みんな若い。20代後半。主役級の木村くんだけが確か30歳を超えている。島さんと簡単に打ち合わせをする。あとから、もう一人、ぽっちゃりとした丸顔の可愛い女性の座員が来る。

3時前に、下へ降りる。喫煙室で島さんとタバコを一服。『笛吹童子』が終わり、高岡さんと円尾さんが来る。高岡さんが島さんに会うのは40数年ぶり。高岡さんは鵠沼の錦之助邸に住み込みで働いていた時代があり、その時、島さんは小学生だった。高岡さんが野球場とかあちこちへ島さんを連れて行ったとのこと。二人は抱きつかんばかりに、再会を喜び合っていた。

3時15分。トークショー開始。ほぼ満席。トークの前に帰ったお客さんが少しいたようだ。

私の簡単な挨拶のあと、島さんを舞台へ呼び、続いて高岡さんを呼ぶ。

今日は、錦之助さんのプライベートな話がメイン。おやじ錦之助と旦那錦之助について。なかなか面白い話が次から次へと飛び出す。一部だけ紹介しよう。

「前の父親のことは、英語でパパとかダディとか呼んでいたんですけど、新しい父親が家に現れると、父上とかお父さん

に変わったんですよ」（島さん）
「おやじは歌手ではひばりさんより都はるみさんが好きで、『涙の連絡船』ばかり歌っていました」（島さん）
「おやじは海が好きで、山はヘビが大嫌いだったんでダメだったんですね」（島さん）
「ヘビがいるなんて言うと、撮影中止で、旦那はさっさと帰ってしまいました」（高岡さん）
「旦那はジャイアンツの大ファンで、負けるとテレビを壊したほどなんです。私は2台壊したのを目撃しています」（高岡さん）
「江川問題があってからは、阪神ファンになりましたけどね」（島さん）
「お酒はジョニ黒を二日か三日で一本空けてました」（島さん）
「サウナが大好きで、10分いて、水風呂に入り、また10分というのを繰り返すんです」（島さん）
「セリフも紙に書いてサウナの中で覚えていました」（島さん）
「私もサウナに入って、相手役のセリフを言わされました」（高岡さん）
今日のトークはお客さんの反応も良く、いい感じで進んでいく。
途中で、よろきん一座の正月公演のことに話題を変え、6人を壇上に上げる。一人一人自己紹介してもらう。そのあと、客席に下りて、仮チラシを配布。
ラスト5分は、真面目な話。これから錦之助さんをどう若い人たちに伝えていくかについて。
トークは40分ほどで終了。サイン会、記念写真。
また事務室へ上がり、20分ほど休んで、解散。
高岡さんが7時に池袋を出て、京都へ帰るので、それまで円尾さんと私の三人で寿司屋で夕食をとりながら歓談。鉄火丼とビール少々。
高岡さんを見送って、8時に帰宅。
入江若葉さんに電話。30分ほど話す。若葉さんはご主人とお嬢様を連れて見えるそうだ。22日の打ち上げの会には、お一人で出席してくださるとのこと。
今日は映画を見なかった。もう無理に映画を見ようとしないで、体調を整え、裏方に徹しようと決める。自分の責任を果たし、みんなが映画を見て、トークを聞いて楽しんでくれればそれで良いし、新文芸坐へ来られなかった人のためにはレポートを書き続けよう。そのほうが大切だから。

平成25年11月19日（火）――4日目

11時起床。2時間ほど雑用。

マガジンハウスとひばりプロダクションへ「錦之助伝」を送る。印刷物専用のゆうメールだと1冊送って、３４０円。

11時半ごろ、エ・ネストの名塚社長から電話。今、新文芸坐へ来ているという。私は2時ごろ行くと言うと、名塚さんはこれからほかに回るところがあるので、また今度ということに。今日のトークゲストの松風はる美（利栄子）さん、木曜日に予定していた宮園純子さんなどが所属する芸能事務所の社長が名塚さんで、宮園さんが来られなくなったお詫びと松風さんをよろしくということを私に言いに、新文芸坐へ立ち寄ったのだそうだ。

昼過ぎ、内田千鶴子さんから電話。千鶴子さんは内田有作さん（吐夢監督の次男）の奥さんで、写楽と北斎の研究者である。本も書かれ、大江戸博物館などで講演もしている。不思議なもので、有作さんが2年前に亡くなってから、親しくさせていただいている。有作さんがお元気な頃は、千鶴子さんとは一度もお目にかかったことがなかったのだが、偲ぶ会と一周忌に私が出席しているうちにお付き合いが始まった。きっとあの世で有作さんも笑っているにちがいない。千鶴子さんは、今日、新文芸坐へ私を励ましに見えるとのこと。

1時ごろ家を出る。2時、新文芸坐に着く。スタッフに訊くと、200人くらいの入り。この時間、初日から3日間は満員だったが、4日目にお客さんが減った。ちょっとがっかり。ロビーで内田千鶴子さんと編集者の女性に会い、10分ほど話す。お二人とも「錦之助伝」を買ってくださった。映画も見て、帰られるという。

円山さんから電話があり、電器店ラビの前へ迎えに行く。京都からお着物（薄紫色）を着て、いらした。

事務室で円山さんに色紙と贈呈本にサインをしてもらっていると、驚いたことに北沢典子さんが事務室に現れる。「円山さんと松風さんにお会いしたくなって……それから、ちょっと様子を見に伺ったの」とおっしゃる。北沢さんは横浜在住で、池袋まで1時間以上かかるのにトークとは別の日にわざわざいらしてくれたのだ。

北沢さんに「錦之助伝」をさしあげ、円山さんがお化粧直しをしている間、10分ほど話す。

2時45分ごろ、ロービーに松風さんが見えたので下へ行く。黄色い枯葉色のお着物姿で、お知り合いの方といっしょだった。ご挨拶だけして、トークの打ち合わせはなし。松風さんとは今月4日に明大前の円尾さんの上映会でお会いして、打ち合わせは済ませている。

『ゆうれい船』が終る。ロビーで早くも円山さんがお客さんにつかまり、写真撮影に応じる。

3時5分、トークショー開始。聞き手は私。円山さんと松風さんに不公平なく、お話していただく。東映入社のきっかけ、東映時代のこと、錦之助さんとの話、役柄のことなど。最後に円山さんが、子どもたちに夢を与えるような時代劇を作ってほしいと力説。

サイン会もスムーズに進行。北沢さん、円山さんが映画を見たいとおっしゃるので、客席へ案内する。松風さんに事務室へ来ていただき、色紙と贈呈本にサインをいただく。お礼もお渡しする。

今日は久しぶりに映画を見る。『殿さま弥次喜多　怪談道中』の三分の二と『ゆうれい船　後篇』全部。ただし、『ゆうれい船　前篇』は見られなかった。

北沢さんは、途中でお帰りになる。夕方、新文芸坐を出て、円山さんと「寿し常」で夕食。円尾さんも同席。また新文芸坐へ戻って、関係者席で円山さんと『ゆうれい船　後篇』を見る。円山さんは今夜、立川のホテルへ一泊することになっているので、帰りは池袋から吉祥寺までお供する。電車の中で、円山さんといろいろなことを話す。

10時半帰宅。疲れたのですぐに就寝。

平成25年11月20日（水）――5日目

今日は錦之助さんの誕生日。生きていれば、81歳だった。

昨夜は早く寝たので、5時起床。ブログを書き、たまっていた雑用を済ます。「錦之助伝」の発送作業。東映本社へ5冊、宅急便で送る。ファンの会の会員でどうしても上映会へ来られず、お祝いを送ってくれた方に「錦之助伝」をゆうメールで送る。スイスのバーゼル在住の山口さん、福岡県の永竿さん、能塚さん、愛知県の新美さん。

それと、本の中で登場するマキノ光雄の京都弁をチェックをしてくれた山崎照子さんへ一冊送る。山崎さんは元・大映の女優で、芸名を舞京子といい、溝口健二の映画にも出ている。現在82歳で、5年前に京都でお目にかかり、それ以来、親しくさせていただいているのだが、お会いするたびに、私にお祝いをくださったり、ご馳走をしてくれる方なのだ。若尾文子が『祇園囃子』に出演する時に、京都弁の指導をしたことがご自慢。山崎さんは、早くに女優をやめ、木暮実千代の付き人をなさっていたそうだ。いつも山崎さんといっしょにいるご主人の達男さんは、大映の元・撮影助手で、とても穏健ないい方だ。達男さんは、照子さんより一歳年下で、彼はなんと錦ちゃんと誕生日がまったく同じ。昭和7年11月20日生まれで、今日81歳になられたわけだ。

10時半に家を出る。いつもは明大前から新宿経由で池袋へ行くが、今日は永福町から渋谷経由で行く。11時半に新文芸坐に着く。スタッフに尋ねると、今日は昨日よりお客さんが入っているという。上映作品は『宮本武蔵　第二部』と『一心太助　男の中の男一匹』であるが、タイトルがよく知られているので、一般のお客さんが来たのだろう。

『一心太助　男の中の男一匹』を最初から見る。1時15分ごろまで見て、今日のトークゲストの二代目錦之助さんを出迎えるため、ロビーで待つ。ケイタイに留守電が三件入っていたので聞く。マガジンハウスの著作権担当の石渡さんから本が届いたとのこと。申請書を送り忘れていたので、折り返し電話する。

1時半、薄いねずみ色の着物の正装で二代目が見える。錦之助映画祭りでのトークは今度が三度目。ご自分で車を運転して来られたそうで、すぐ近くのパーキングへ停められたとのこと。

4階の事務室で一休みして、2時少し前にトーク開始。聞き手は私。

二代目を紹介する前に、今日は錦之助さんの誕生日なので、挨拶をいつもより長めにする。

トークでは、初代錦之助さんの人柄や役者としての素晴らしさについて、二代目にお話していただく。途中からは私がずいぶんしゃべってしまった。二代目にかける期待や励ましも錦ちゃんファンの気持ちを代弁して私から話した。今日は二代目に突っ込んだ質問もしたと思う。

サイン会は、盛況。円尾さんにアシスタントを頼む。30名以上の方にサインをしたのではなかろうか。二代目のファンも会場には何人か見えていた。

事務室で、贈呈本にサインしていただき、お礼、「錦之助伝」7冊、新文芸坐の招待券（二代目は今度上映する洋画を見に来たいと言っていた）を差し上げ、円尾さんと駐車場までお見送りする。

また事務室へ戻り、新文芸坐のチーフの矢田さんとお金の清算、来年1月18日から催す予定の有馬稲子特集（10日間）の上映作品について、円尾さんも交え、相談。

午後5時半、ファンの会の加藤きくよちゃんが見えたので、誘って近くのソバ屋へ夕食を食べに行く。彼女はファンの会では若い女性の一人で、可愛くて明るい方である。しかも、気遣いが実に細やかで、私の秘書にしたいような女性なのだ。彼女は平日は働いているし、震災後、土日は福島でボランティア活動をしているので、残念ながら今のところは無理である。これまで彼女にはいろいろなものをいただいてきた。ＣＤ（錦ちゃんの歌の入った歌謡全集）、お菓子、缶コーヒー、青汁など。今回の上映会の初日には大きな紙袋にいろいろな飲食物を詰め込んだ差し入れをもらった。鯛焼き、チョコレート、パック入りスープ、缶コーヒー、青汁。その前にはご祝儀もいただいている。今日は、錦ちゃんの誕生日だからといって、わざわざ大きなショートケーキを買って持ってきてくれた。ファンの会には、ありがたいことに私を応援してくれる親衛隊のような方が何人かいるが、きくよちゃんはその隊長である。しかし、私は彼女とは今までも一度も二人だけでゆっくり話したことがない。今日が初めてだった。きくよちゃんが「錦之助伝」に私のサインをねだるので、仕方なく、下手な字で感謝の言葉も書き添えて、サインしてあげる。40分間ほどだったが、ソバを食べながらプライベートなことを話す。彼女には一番高い天ザルをご馳走したが、彼女からいただいたたくさんの好意からすれば、そのお返しの百分の一にも届かないだろう。

6時半、きくよちゃんと別れる。ロビーに入江若葉さんが見えていたので、お相手をする。今日は若葉さんがお招きしたお客様がこれから『宮本武蔵　第二部』を見にいらっしゃるというので、若葉さんご自身がわざわざ接待にいらしたのだ。そのお客様というのが、実は私も知っている方で、まったく世の中は狭いものなんだなあと思うが、私の教え子(二十数年前の進学塾の生徒)のお母さんであった。イラストレーターで作家の安西水丸さんの奥様で、画家の岸田ますみさん。塾の父母面談で二、三度お話したことがあったと思うが、お母さんも画家だったとは、この前、若葉さんから聞いて初めて知った。

6時40分ごろ、岸田さんが見えたので、ちょっとだけお話してから、館内にご案内する。私は若葉さんと最後列の関係者席で『宮本武蔵　第二部』を見る。今度の上映会で、最初から最後までじっくり鑑賞できたのは、これが三本目。(ほかは『弥太郎笠』と『ゆうれい船　後篇』)

映画を見終わって、岸田さん、若葉さんを誘って、近くの喫茶室「椿屋」へ行く。1時間半ほど歓談。岸田さんは『宮本武蔵　第二部』を初めてご覧になったらしく、とても良かったと言っていた。とくに錦ちゃんの武蔵が奈良の宝蔵院へ乗り込んでいき、阿厳坊と勝負をするまでをハラハラして観たそうだ。若葉さんも、「今日見たら、とってもいい映画で、あたし、今までなに見てたのかしら」なんて言う。お二人は、ここの名物であるビーフカレーセットを試食。おなかが空いていたらしく、おいしいと言って食べていた。私はシフォンケーキとコーヒー。

池袋駅で若葉さんと別れ、新宿まで岸田さんとごいっしょする。

10時半帰宅。きくよちゃんにもらったフルサイズのショートケーキを三分の一食べる。

平成25年11月21日(木)――6日目

11時半、新文芸坐到着。きのう、売店にあった「錦之助伝」を若葉さんと岸田さんに差し上げたので、2冊補充するため、3階へ行くと、新文芸坐元支配人の永田稔さんがいた。永田さんには第一回目の錦之助映画祭りを企画した時に大変お世話になった。現在は顧問をされていて、新文芸坐へは週3日ほど来ているということだが、今回の上映会ではお会いするのは初めて。

「また病気になられたのかと思って、心配してたんですよ」と私が尋ねると、

「病気じゃなくて、いろんな用事が重なっちゃって、来られなかったんだよ」と永田さん。

永田さんは、以前の文芸坐時代からの名支配人で、新文芸坐になってからも数年間支配人を務めていたが、5年前に病気で倒れてから顧問になった。やはり、永田さんが受付に立っておられると安心する。また、ゲストの接待も永田さんがいると心強い。

12時過ぎに、トークゲストの三島ゆり子さんから入口に到

着したと電話がある。すぐに1階へお迎えに行く。三島さんは尼崎から洋服を着て新幹線でいらしたが、こちらで着物に着替えられるので、付き人の方をわざわざ連れて来ている。4階の事務室へご案内。三島さんに永田さんを紹介し、すぐに5階のマルハンの応接室で着替えていただく。その間、私は屋上で一服。抜けるような青空で気分爽快。

30分ほどで、シックな着物に身を包んだ三島さんが現れる。先ほどとは違い、女優三島ゆり子に変身している。三島さんにお会いするのは今度が二度目だが、三島さんには貫禄がある。さばさばしていて、はっきりと言いたいことをおっしゃり、姐御肌で、大きな人間的な魅力を感じる。

1時20分、トーク開始。今日の聞き手は円尾さん。私は客席で拝聴。

三島さんのお話は大変面白く、話し方も抜群にうまかった。私もいろいろな女優さんのトークを聞いているが、強烈な個性で聞き手を引きつけ、圧倒されるほどの印象を受けたのは三島さんのほかにあまりいない。今日のトークを聞い人は、得をしたと思う。

サイン会もスムーズに終了。3時ごろ、東京にいる三島さんの東映時代の友人が三人見えるとおっしゃるので、受付のスタッフに案内を頼む。

また応接室で洋服に着替えていただき、三島さんと事務室へ下りていくと、すでに三人の友人が見えていた。元東映女優の立川さゆりさん、紫ひづるさん、暁冴子さんである。私は三島さんからトークの前にお名前を聞いていたが、円尾さんは驚いたようだ。目がぎらぎら輝いている。事務室が女優部屋になってしまった。

三島さんに、贈呈本の「錦之助伝」にサインをしていただき、お礼をお渡しする。

三島さん、立川さん、紫さん、暁さんを近くの喫茶店ルノワールへ案内する。円尾さん、大川さん、私が加わって、1時間半ほど歓談。いろいろ興味深い裏話が聞けた。女優陣の飲み物とサンドイッチ代はもちろん私が持つ。

4時半、池袋駅へみなさんを送っていき、解散。三島さんは5時半ごろの新幹線で大阪へ帰られるとのこと。

新文芸坐へ戻り、『花と龍』の後半だけ見る。お客さんはまばら。寂しい気分。ロビーで売店で売れ残ったピリ辛チャーハンを食べて、帰る。

夜、成澤昌茂さんのお宅へ電話。奥様と打ち合わせ。土曜日は、表参道の成澤邸へ私が車で迎えに行くことになっている。池袋と表参道は近いので、車での往復は楽だ。

10時に就寝。

平成25年11月22日（金）——7日目

9時半に新文芸坐へ。『丹下左膳』を1時間ほど見る。

事務室でチーフの矢田さんに段取りのまずさについて苦情

を言う。

11時15分、入江若葉さんを出迎えにロビーへ行くと、すでに若葉さんとお嬢さんがいらしていた。若葉さんは素敵なお着物姿。お嬢さんはモダンな赤いセーター姿。お二人とも美人で、お嬢さんはお顔もスタイルも入江たか子さんに似ている。画家をなさっていて、30歳後半の独身である。若葉さんの弟さんも見えたのでご挨拶。今日は若葉さんがお招きしたお客さんが10人以上いらっしゃるというので、受付が見えるところで、若葉さんとお客さんを出迎える。歌舞伎評論家の関容子さんが見えたので、ご挨拶してから関係者席（今日は前の方に4席、最後列に4席）へご案内する。関さんから新刊「勘三郎伝説」をいただく。若葉さんは、『冷飯とおさんとちゃん』をみなさんに見てもらいたくて、１００人以上の方に手紙を添えて、上映会のチラシをお送りしたとのこと。若葉さんのお知り合いが次々と見える。みなさん、無料で入場していただこうと中へお誘いしても、入場料を買って入りますと言い張る。15、6人の方一人一人に若葉さんがご挨拶し、2、3分話をなさっていた。映画監督の内藤誠さんが見える。内藤さんには私からチラシを送っておいたが、若葉さんのこともご存知なので、ご挨拶。内藤さんにお目にかかるのは二度目だが、若葉さんと私の二人に会いにいらしたとおっしゃっていた。明日も脚本家の成澤昌茂さんに会いに見えるそうだ。

11時35分、『冷飯とおさんとちゃん』が始まる。若葉さん、お嬢さん、私は最後列の関係者席で見る。『冷飯』は素晴らしい作品だ。涙が滲む。

『おさん』の途中で、矢田さんがやって来て、金子吉延さんが見えたと言う。事務室へ行く。挨拶を済ませると、金子さんが外へ出て、友人3人を連れてきたので、みんなをロビーへ案内する。『ちゃん』は見られず。

入江若葉さんのトークショー

2時55分よりトーク開始。私が簡単に挨拶してから、舞台へ入江若葉さんをお呼びする。お客さんは２００名ほど。８割の入り。

若葉さんが錦之助さんとのことを15分ほど一人でお話される。私の質問はなし。

続いて、金子吉延さんを舞台へお呼びする。『宮本武蔵　第五部』で伊織役をやるよう

金子吉延さん

になったのは、吐夢さんの指名だったという。金子さんにはいくつか質問して、興味深い話を聞き出せたと思う。

　若葉さんと金子さんとの対話もあり、変化のあるトークになった。

　サイン会は盛況。50人以上の方が並んだと思う。若葉さんの隣りに座った金子さんもサインしたので大変だった。

　若葉さんとお嬢さんが『丹下左膳』をご覧になっている間、事務室で金子さんにお礼をし、その後、円尾さん、矢田さんとしばらく話す。

　『丹下左膳』終了後、6時から近くのすし屋で錦之助映画ファンの会の打ち上げ。31名が参加。座敷がいっぱいになり、若葉さんとお嬢さん、お招きした関容子さんと吉田さん（福島県からいらした）はカウンター席でゆっくり食事していただくことにする。

　若葉さんには乾杯の時だけ付き合っていただく。

　宴会は3時間ほど。9時半ごろ解散。諸星さん、矢島さん、野村さんと私が最後まで残って、10時半ごろまで話し続ける。11時半帰宅。今日は充実していたが、気ばかり遣う一日だった。

平成25年11月23日（土）――8日目

朝、入江若葉さんへきのうのお礼の電話を入れる。すると、若葉さんの方から逆にお礼を言われ、恐縮する。

11時半、車で新文芸坐へ行く。一番安い（15分200円）パーキングに駐車。12時から『親鸞』を見る。疲れていて、映画に集中できず。田坂監督の映画は、しっかり鑑賞しないとその良さが味わえない。この一週間、裏方としてあれやこれやに頭と神経を使ってきたので、相当くたびれているなと感じる。

　2時半、映画が終わり、事務室でチーフの矢田さんとトークの段取りを打ち合わせる。マルハンの専用駐車場を教えてもらう。今日はそこに停めていいと言うが、駐車スペースがあるなんて、初めて知った。なんだよ、今頃教えるのかよ！とやや気分を害する。

　トークゲストの成澤昌茂さんのお宅へ車で迎えに行く。表参道の一等地にあるマンションで、池袋から30分で玄関前に着く。成澤さんと奥様のかおりさんを乗せて、新文芸坐へ向かう。車の中で成澤さんと簡単な打ち合わせ。明治通りが新宿まで渋滞で、トーク開始の時間に間に合わなくなり、新文芸坐へ電話。10分、遅れると連絡。

4時40分、新文芸坐に着く。マルハンの駐車スペースへ車を入れ、かおりさんに成澤さんの手を引いていただき、そのまま3階の館内へ向かう。成澤さんは現在88歳で、歩くことがやや不自由になっているが、明晰な頭脳は衰えず、お話もしっかりなさっているので、トークの方は心配なし。

円尾さんがトークの時間つなぎをしてしゃべっていたようで、スタッフが私たちが着いたと知らせを聞いて、マイクでもう私を紹介している。ロービーから急いで壇上に上がり、遅れた事情を簡単に説明し、成澤さんを紹介する。

すぐにイスに腰掛けていただき、私が質問しながら、トーク開始。まず成澤さんの略歴をご自分で話していただく。上田市の生まれで、高校の頃映画監督を志し、東京に出て、溝口健二監督の家に住み込んで書生をした時代から、順々にたどっていく。

15分ほどでやっと錦之助の映画のシナリオを書くところにたどり着く。『風と女と旅鴉』である。ここからがトークの本題で、成澤さんは錦ちゃんの作品の一つ一つに裏話を披露。みなさんも興味津々で拝聴。私は3年ほど前に成澤さんに約3時間のインタビューしたことがあるが、今日初めて伺うお話もあり、面白かった。

『美男城』『浪花の恋の物語』『親鸞』二部作、『宮本武蔵第一部』『江戸っ子繁昌記』まで来て、矢田さんが舞台の下で何度も私に合図を送り出す。40分ほど経ってしまった。『関の彌太ッペ』のことを伺う時間はなし。

最後に私がとっておきの質問をする。

「成澤さんもたくさんの俳優さんを見て来たと思いますが、錦ちゃんという俳優はどうでしょうか。すごいと思う俳優の

成澤昌茂さんのトークショー

一番は、やっぱり錦ちゃんでしょうか?」

成澤さん、間髪を入れず、

「錦ちゃんが断然一番ですよ。錦ちゃんくらい素晴らしい俳優はいませんね」

お客さんから大きな拍手か起る。

成澤さんはまだ話し足りないといったご様子で、私ももっと詳しくお聞きしたいことがあったのだが、残念ながら終了。

舞台を下り、成澤さんにロビーで少し休憩していただく。トークを聞きにいらした映画監督内藤誠さんが、イスを出したり、机を運んだりして、成澤さんの面倒を見てくれる。内藤さんは、成澤さんの監督作品『妾二十一人 ど助平一代』と『雪夫人絵図』の助監督をしたことがあり、「昔にかえったみたいですよ」と言っていた。

5時半、車で成澤さんのお宅までお送りする。成澤さんも奥様のかおりさんもトークが無事に終わり、ほっとなさったようで、車中いろいろなことを話す。運転手の私は道を間違え、帰りは遠回りをしてしまった。1時間ほどで到着。しかし、まだ話し足りず、かおりさんにお茶を飲んでいくようにと誘われる。

成澤さんのマンションはいわゆる「億ション」と呼ばれる豪華なもので、2階の成澤邸の広いこと。100平米以上はあるかと思う。かおりさんにコーヒーを入れていただき、お礼と「錦之助伝」を差し上げ、20分ほどで帰ろうとすると、成澤さんが夕食を食べていきなさいとおっしゃる。かおりさんが表参道の寿司屋さんからお寿司を注文してくださり、私も遠慮せず、そのまま居続ける。結局、9時半ごろまで居ることに。

10時に帰宅。1時間ほど話す。円山榮子さんから留守電が入っていたので電話する。「錦之助伝」を褒められる。円山さんは会う人ごとに本の宣伝をして、京都のジュンク堂で買うように勧めているそうだ。ありがたいことだ。「あと二日、ガンバッテ!」と励まされる。

平成25年11月24日(日)——9日目

6時起床。このところずっと早起きして、ブログを書いている。書くのに1時間はかかる。上映会に来られなかったファンの会のみなさんがこれを読んで、少しでも参加した気分になってもらえればよいかと思う。それから雑用を済ませ、池袋へ向かうのだが、今日は浅草へ行ってから池袋へ回ることにする。浅草公会堂で、植木金矢さんの映画ポスター展をやっていて、これが上映会と同じく25日までなので、植木さんに久しぶりにお目にかかって、挨拶とお礼を言いに行く。

11時に1階の展覧会場に着くと、受付にぽつんと植木金矢さんが座っている。挨拶をして、錦之助映画ファンの会の機関誌「青春二十一」の表紙に植木さんの絵を使わせていただいていることにお礼を言う。

「池袋で今、錦ちゃんの映画、やっているんでしょ。ちょうど重なっちゃって、行けなくてすいませんね。わざわざ来てくれてありがとう」

「とんでもない。でも先生のポスター展も盛況で、良かったですね」

植木さんは、92歳。ほんとにお元気で、嬉しくなる。「青春二十一」はこれまで毎回お送りしてきたが、予備にまた1冊ずつ差し上げ、「錦之助伝」も進呈する。

「いい本、作ったじゃありませんか。字も大きくて、いいですね」

お返しに、植木さんから映画ポスターの画集をいただく。

植木さんに、飾ってあるポスター（１００枚以上）を一枚一枚、解説をしてもらいながら、案内していただく。恐縮したが、植木さんは親切でほんとうに良い方で、嬉しそうにお話してくださるので、ご厚意に甘えることに。

浅草から銀座線で上野へ行き、アトレの明正堂書店へ寄る。「錦之助伝」は、タレント本コーナーの横にある時代物書籍の平台に3冊平積み。その隣りに、先日上映会にいらして、本をくださった関容子さんの「勘三郎伝説」が並んで平積みになっている。なんとも驚くやら、おかしく思うやら、縁とは不思議なものだ。

上野駅の蕎麦屋で、昼食を済ませ、池袋へ向かう。

2時に新文芸坐に着く。スタッフに訊くと、お客さんが結構入っているとのこと。トークゲストの北沢典子さんは、すでにいらしていて、『続親鸞』をご覧になっているという。チーフの矢田さんと簡単な打ち合わせ。明日の有馬稲子さんのトークとサイン会の件。

映画が終わり、北沢さんと円尾さんが事務室に上がって来る。北沢さんは、今日はセンスの良い銀鼠色のモダンな洋服。北沢さんには、着物は大変ですから、今回は洋服でいいですと申し上げておいたのだが、北沢さんは和服も素敵だが、洋服もとても良くお似合いになる。この間、陣中見舞いにいらした時も洋服だったが、「田園調布の奥様みたいですね」と私が言うと、ニコニコ笑いながら、「わたし、小さいから、洋服だと引き立たないのよ」「いや、そんなことないですよ。ぼくは北沢さんの洋服姿も素敵で、好きです」

3時にトーク開始。聞き手は円尾さん。私は前から二列目の客席で、ゆっくりと拝聴。円尾さんも慣れたもので、今日の北沢さんのお話はとても楽しかった。

サイン会のあと、北沢さんは『源氏九郎颯爽記　秘剣揚羽の蝶』を関係者席でご覧になる。今日はお嬢さん二人もごいっしょ。

5時40分、北沢さんご一行を一階の玄関まで下りてお見送りする。

パルコの上のレストランで、錦之助映画ファンの会の昔からの仲間と夕食。私はカツ丼とビール。あと一日だ、元気を出して頑張ろう。

9時半、有馬さんから電話。私のケイタイ番号を登録したので、試しに電話をしてみたとのこと。
10時帰宅。

平成22年11月25日（月）——10日目

最終日。11時40分ごろ、新文芸坐へ行く。入口に、満員の掲示。朝一の『浪花の恋の物語』から満員だったようだ。「14時40分の回からお座りになれます」と書いてある。有馬さんの新文芸坐でのトークはこれまで3度とも超満員だったが、今回は平日なので少し心配していた。ほっとする一方で、混乱がないようにうまくやらなければならないと気を引き締める。

3階へ行くと、まだ上映が始まっていなくて、ホール内で円尾さんと矢田さんがお客さんの入場整理をしている。8席取っておいた関係者席も、ゲストが来たら、立ってもらうという条件で開放する。立ち見でもいいという方も十数人いて、中に入ってもらったので、観客数は全部で280名ほど。15分遅れで、『反逆児』の上映開始。予告篇は飛ばす。

遅れてきたお客さんが数人いたが、もう中へ入れないので、ロビーでトークショー開始まで待ってもらう。私は映画を見ずに、お客さんにいろいろ説明したり、話し相手をして時間をつぶす。

12時20分、有馬さんから電話。車で近くまでいらしたとのこと。階下へ下りて、お出迎えする。車を運転してきたのは高橋さんという男性で、ラピュタ阿佐ヶ谷のトークショーの時も車で有馬さんを連れていらしたので、顔なじみだ。有馬さんの住んでいるマンションの住人で、温厚で本当に親切な方である。同じマンションの女性のお友達が二人。一人の方は有馬さんのトークの時に何度かお会いしている。

車をマルハンの駐車スペースへ停めてもらい、有馬さんご一行を4階の事務室へ案内する。

今日の有馬さんは、色鮮やかな紅バラ色のロングドレス。舞台衣装のようで、大変引き立つ。81歳という年齢をまったく感じない。さすが大女優有馬稲子という印象。

『風と共に去りぬ』のスカーレット・オハラみたいですね」と私。

「懐かしいわね」と、有馬さんがニコニコしている。

ぜひ『反逆児』のラストを有馬さんが見たいとおっしゃるので、3階へ。「(関係者)席に座っているお客さんに移動してもらうのは悪いわよ」と有馬さん。結局補助イスを持って行って、有馬さんたちを中へ案内し、後ろの通路に座ってもらい、見ていただく。

1時40分、映画が終る。ドアの前で列を作っているお客さんたちに下に敷く紙を渡し、私が館内へ案内して、順番に通路に座ってもらう。

10分遅れで、トークショー開始。聞き手は私。有馬さんとの打ち合わせはまったくなし。有馬さんのトークの聞き手を務めるのも、今度が6度目。有馬さんにはこの5年ほど親しくさせていただいているし、私も信頼されているようなので、緊張することもなく、出たとこ勝負で行く。ただ、今までと同じようなトークでは面白くないので、できるだけ有馬さんから新しいお話を引き出すように努める。有馬さんには内緒で、前もって五つほど質問を用意しておく。有馬さんに叱れるといけないので、ファンの会の方たちから聞いてほしいと言われた質問だとウソをついて、まことしやかに質問を書いた紙を出したが、これは私の演出。

質問一。錦ちゃんからプロポーズされた時、某監督との関係を打ち明けましたか?その時の錦ちゃんの反応は?かはもう覚えていません

「ちゃんと言いましたけど、その時、錦ちゃんがどう言ったかはもう覚えていません」

質問二。錦ちゃんと離婚した最大の原因はなんですか。

「ある大きな事件があった時に、錦ちゃんが私の側ではなく、お母様の側についたことですね」

質問三。今でも、錦ちゃんのことが好きですか。もう一度、結婚してもいいと思いますか。

「好きです。あの世で、お金のこととかなければ、もう一度してもいいかも」

質問四。有馬さんは多くの男優と共演されていますが、役者としての錦之助さんの素晴らしさはなんだと思いますか?

「セリフが明快で、頭が良くって、感度が良いことですね」

質問五。錦ちゃんとまた共演するとしたら、何かこういう役をやりたいというものがありますか。

「そうね。分らないけど。亡くなる前にやった山名宗全は素晴らしかったわ」

ほかにもいろいろな話を有馬さんはしてくださったが、錦ちゃんと二人でベルリン映画祭に行った時、ケネディ大統領のパレードをすぐ近くで観た思い出話が興味深かった。

トークは35分ほどで終了。すぐにロビーでサイン会。有馬さんが新文芸坐でサイン会をなさるのは初めてだ。有馬さんの著書「のど元過ぎれば有馬稲子」は日経出版社から48冊仕入れてある。この本と「錦之助伝」に限定して、サインをしていただく。アシスタントは円尾さん。60人以上並んで、一人2冊のお客さんが多かったので、手際よく運ばないと終らない。有馬さんのサインは画数も多く、銀色のサインペンと黒マジックの2本を持ち替えて丁寧に書かれるので、大変だった。隣りに喫煙ルームがあり、タバコの煙が洩れてくるので、途中で有馬さんが気持ち悪くなる。しかし、我慢していただき、30分ほどでなんとか混乱なく終わる。最後に『浪花の恋の物語』のポスターの前で、無理矢理私が有馬さんにお願いして、写真撮影に応じていただき、やっと終了。

2時50分、10分ほど遅れて二回目の『浪花の恋の物語』の上映開始。有馬さんご一行は、関係者席で鑑賞。私も最初と最後の30分だけ有馬さんの隣りの席で、映画を見る。

4時半、有馬さんご一行がお帰りになる。外は小雨。この10日間、お天気に恵まれ、幸運だったが、最終日の午後になっ

て、初めて雨が降り出した。まるでこの日の2本の上映作品を見て、ポロポロと泣き出したような涙の雨だ。「錦之助よ、永遠なれ！」の上映会もこれで終わり。有馬さんを乗せた車を円尾さんと見送って、ようやく責任を果たし終えた気分になる。

今回の上映会でじっくり見られた映画は3本だけだった。最後の最後に、『反逆児』だけはしっかり見ようと思う。

近くの中華料理屋へ行き、一人でゆっくりと夕食を済ませ、また新文芸坐へ戻る。ロビーで錦ちゃんファンの女性としばらく話す。ホットコーヒーをおごってもらう。

映画が終わり、鎌倉キネマ堂の店長と奥さんに出会う。鎌倉からわざわざ見に来てくれたのだ。サイン入りの「錦之助伝」を買ってもらう。

8時45分から『反逆児』を鑑賞。50名ほどの観客。寂しいが、最終日の最後はいつもこんなものだ。『反逆児』を見終わって、いつもながらの、言葉に言い表せない感動を覚える。『浪花の恋の物語』の忠兵衛が錦ちゃんの「柔」の演技なら、『反逆兒』の三郎信康は「剛」の演技である。どちらもすごい。

誰にも声を掛けず、また掛けられないように、さっと一人で外に出る。雨が降り続いている。一階のパチンコ屋の軒下でタバコを一服しながら、「錦之助よ、永遠なれ！」の看板を眺める。これですべてが終ったという実感が湧いてくる。錦之助映画をこれほどたくさん上映し、連日著名なゲストを招いてトークを行なうといったこうしたイヴェントは、二度とできないだろう。多分私が自ら進んで企画して催すこともないだろう。どこかで錦之助映画を上映している時に、私は一人の観客となって、何の気苦労もなしに、ゆったりと楽しみたい。そしてスクリーンに集中できる状態で、思う存分、観たいと、つくづく思う。

明日の夜は、また、あと片づけをしに、車で新文芸坐へ行く予定。

平成25年11月26日（火）――翌日

「錦之助よ、永遠なれ！」の上映会が終わって、午前中は疲労困憊で、抜け殻のようになっていた。

昼、有馬稲子さんから電話。きのうは、帰り道、いっしょに来てくれた友人に夕食をご馳走し、無事帰られたとのこと。新文芸坐での有馬稲子特集は、3月、暖かくなってからにしようということで合意。

入江若葉さんから慰労の電話。

午後、ハガキ、手紙、小包、宅急便が届く。「錦之助伝」を送った方々からの返礼。近代映画社の小杉社長と元大映女優山崎照子さんからお褒めの言葉。山内鉄也監督夫人から『祇園祭』上映とトークショーのお礼。ファンの会の会員から、リンゴの詰め合わせと羊羹の差し入れ。

岸田ますみさんから本2冊。岸田さんの絵が表紙になった句集「能因の風」（駒志津子著）と村上春樹氏のエッセイ集（岸田さんのご主人の安西水丸さんの挿絵がたくさん載っている）。

三宅弘之さんという方から「スクリーンの向う側」（風詠社）という本。映画俳優たちの似顔絵と紹介文（手書き）が載ったユニークな本で、三宅さんは大の錦ちゃんファンだそうで、錦之助に6ページも費やしている。私はこの方と面識がないが、私が錦之助映画ファンの会の代表をしていることをご存知で、編集者（桧山さん）を通じて、この本を送ってくださったのだ。ペラペラめくっただけだが、素晴らしい本なので、今度詳しく紹介したいと思う。

夜、車で新文芸坐へポスターと売れ残った本を引き取りに行く。運転しながら眠気を催し、途中で何度か停車する。

事務室でチーフの矢田さんから上映会の結果報告。10日間の総入場者数は、３５５９人。近頃にない上々の入りで、新文芸坐としては大変満足の行く成績だったようだ。私は10日間で４０００人を目標にしていたが、残念ながら届かなかった。４０００人を超えたら報奨金を、という矢田さんとの約束もおじゃん。

初日が４１３名、2日目が４０５名、3日目が３９５名で、初めの3日間は好調だった。しかし、19日の火曜から21日の木曜までの3日間の入りが悪かった。３００人を切った日もあった。10日間毎日、４００名を超えるのは、至難である。22日の金曜からまた増え始め、土日で盛り返し、最終日が最高の入りで４３８名。やはり、トークゲストの丘さとみさんと有馬稲子さんの人気が高く、上映作品では『祇園祭』と『笛吹童子』と『親鸞』二部作が、錦ちゃんファン以外のお客さんを呼んだのだと思う。

本の売れ行きは、まずまずだっが、予想を上回るほどでもなかった。「錦之助伝」は、１１２冊。前もって２００冊納品しておいたが、10冊残して、78冊は持ち帰ることに。「一心錦之助」が43冊で、結構売れた。「青春二十一」は、1巻が14冊、2巻が20冊、3巻が20冊で、すべて完売。「錦之助伝」がそれほど売れない分、ほかの本が予想以上に売れたのでよしとしよう。

編集後記

▼実に6年ぶりに「青春二十一」を出すことになった。第四巻である。錦之助映画ファンの会が企画主催する「錦之助映画祭り」は、2013年11月に池袋の新文芸坐で催したのを最後に途絶えていた。それが、今年は萬屋錦之介さんの二十三回忌ということで、名画座のラピュタ阿佐ヶ谷から話を持ちかけられ、3月24日から2か月間、錦之助映画35本を上映し、トークゲストも数名お呼びして開催することになった。それで、記念にこの小冊子を急きょ再び発行することになった次第である。

▼10年前に録音したトークを文字に起こして収録した。沢島忠監督、有馬稲子さん、中島貞夫監督のトークである。沢島監督は昨年1月27日にお亡くなりになったが、お声を聞いていて、トークにいらした日の思い出がよみがえってきた。錦之助さんにもらった黒い靴を履いてこられたこと、『森の石松鬼より恐い』を見ながら、お客さんの反応を確かめていたこと、スピーチの原稿をほとんど見ないで、身振り手振りを交え、メリハリのきいた沢島節で話されたことなどである。

▼今回の記念号のために、江原真二郎さんと中原ひとみさんのご夫妻にお願いして、現在住まわれている横浜のマンションのすぐ近くまで行ってお会いし、東映時代のいろいろなお話を伺って来た。中原さんはこの日の10日ほど前に部屋で転倒され、左肩の骨を三本折って自宅療養中だった。江原さんも杖をつきながらゆっくりと歩くお身体なのに、お二人揃って近くのカフェにいらしていただき、2時間にわたって、初対面の私の質問に答えてくださった。感謝のしようもないが、昔話をなさっている時のお二人は嬉しそうだった。

▼第三巻までで画家の植木金矢さんが当会に寄贈された絵は表紙にすべて使ってしまった。で、今回は、代わりに錦ちゃんの織田信長のカラー写真を使うことにした。

（藤井）

青春 二十一 第四巻 （限定版 500部）
2019年4月8日発行
編集・発行人 錦之助映画ファンの会 藤井秀男
協力 有馬稲子 中島貞夫
江原真二郎 中原ひとみ
東映（株） 中屋瑞枝（アズユー） 高橋かおる
録音・写真撮影 湯澤利明
写真提供 中原ひとみ 中島貞夫
高橋かおる 藤井秀男
発行所 エコール・セザム
東京都杉並区2丁目42番16号
電話 03・3324・0511
印刷 （有）遠藤印刷